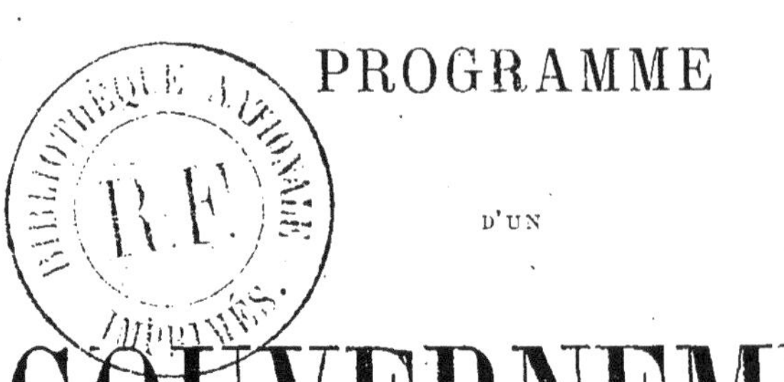

PROGRAMME

D'UN

GOUVERNEMENT

RÉPUBLICAIN

PAR

P.-F. DEGOIX

PARIS
DENTU, LIBRAIRE-ÉDITEUR
PALAIS-ROYAL

1870

Nice — Typographie V.-Eugène GAUTHIER et Ce, descente de la Caserne, 1.

SOMMAIRE

I

AVANT-PROPOS

Je commence ce travail dans des circonstances terribles pour notre pays. Après avoir subi pendant vingt années l'influence délétère d'un gouvernement dont le despotisme était le moindre fléau, la France se trouve envahie et ravagée par des masses d'ennemis formidables, dont elle ne parviendra à se débarrasser que par une guerre de partisans : il ne lui reste plus d'armées régulières pour lutter avec succès en rase campagne. Je ne désespère pas néanmoins de la situation, car une puissance, vivace encore comme est la France, ne peut être domptée, fût-ce par un million d'ennemis ; elle parviendra à les lasser, à les user, même sans combat, en se bornant à les harceler.

Mais nous traversons une crise d'où dépend la prépondérance et l'avenir de la patrie. Donc, haut les cœurs et pas d'indécision dans la défense! Groupons-nous autour du Gouvernement de la Défense nationale, et n'ayons d'autre préoccupation que d'affranchir le sol de cette horde de vandales qui le ruine et le souille.

La convocation à bref délai d'une Constituante serait une mesure hâtive à tous les points de vue. Préoccupée outre mesure de la situation, elle n'aurait pas l'esprit assez libre pour se livrer en paix à ses travaux, et, d'autre part, il n'est pas inutile que le pays prenne le temps de mûrir le choix de ses députés. Il ne faut pas perdre de vue que, pendant les vingt années que nous venons de traverser, les hommes nouveaux, de qui dépend maintenant l'œuvre à poursuivre pour constituer un gouvernement normal, n'ont guère pu, à part quelques glorieuses exceptions, se révéler. A cette heure, nombre de ces hommes, justement entraînés par les devoirs du patriotisme, ont autre chose à faire que de poser leur candidature. D'ailleurs, qui conteste sérieusement la validité du Gouvernement de la Défense nationale? N'a-t-il pas eu l'assentiment général, et celui-ci vaut-il moins pour avoir été tacite?

Eprouve-t-il des difficultés à régir le pays? Signale-t-on quelque part des résistances à l'exercice du mandat qui s'est imposé à son patriotisme? Et enfin, s'il doute de sa mission, s'il ne se trouve pas légitimement constitué, rien n'eût été plus simple que de le confirmer, d'ordre d'un plébiscite au besoin, pour toute la durée de la guerre et jusqu'à la convocation d'une chambre, sans rôle possible en ce moment (1).

Jusque-là, d'ailleurs, avons-nous donc réellement besoin d'un gouvernement, et la France, avec ses municipalités, ses conseils d'arrondissement et de département, ne peut-elle se régir de sa propre initiative? Les membres de la Défense nationale n'auraient alors à pourvoir qu'à la défense, sans avoir à se préoccuper du gouvernement même du pays, et,

(1) Les événements marchent si vite, hélas, qu'au moment où ce travail est sous presse, les réflexions précédentes ont perdu leur actualité. Il est vaguement question de la réunion à bref délai d'une Constituante appelée à se prononcer sur la paix ou la guerre. Néanmoins, je maintiens ce qui précède, ne fût-ce qu'à titre de *desideratum*. Sans doute, il n'y a pas à contester que le gouvernement, issu des événements de Sedan, pour constituer la résistance annihilée avec l'empire, n'ait pas caractère pour traiter d'une paix désastreuse comme celle qui menace la France; mais j'avoue que je préférerais un plébiscite à la réunion d'une Chambre pour homologuer, avant confirmation, les mesures approuvées dans sa sagesse et son patriotisme par le Gouvernement de la Défense nationale. Je le répète, du reste, les événements se précipitent avec une violence qui défie toute théorie.

certes, leur besogne ainsi limitée suffirait encore à de grands cœurs. Depuis nombre d'années, on parle de la nécessité de la décentralisation. Montrons que la France est suffisamment mûre pour faire l'expérience d'un gouvernement décentralisé, et pour cela, qu'elle se gouverne elle-même, au moins dans le domaine de sa vie civile.

Qu'on sache bien que l'élaboration d'une constitution est un grand œuvre de tout temps, exigeant le concours de toutes les expériences, de toutes les forces vives du pays. La Chambre à convoquer aura donc fort à faire, sans parler de la réparation des fautes et des désastres de l'Empire qui primera tous ses autres travaux. Notons bien qu'il ne s'agit plus seulement de ressasser ce monde d'idées et d'arguments, et, hélas! d'arguties, que nous ont légué nos constituantes passées, et dont chaque génération de notre pays connaît les développements; il ne s'agit plus de tourner dans ce même cercle que nous parcourons depuis bientôt un siècle, pour aboutir aux mêmes résultats, à des périodes presque régulières, travail de Sysiphe où la France use son énergie et sa vitalité sans progrès sensibles. Il faut maintenant tenir compte du progrès accompli, des nouveaux besoins qui se sont révélés et qui demandent impérieusement satisfaction dans la limite de la justice et de la vérité. Il faut de toute nécessité rechercher les causes, qui, à travers toutes nos constitutions passées, nous ont invariablement conduits à des périodes de despotisme où la France a cessé de s'appartenir, et a perdu en même temps presque tout ressort et toute énergie ; ces causes, il faut en conjurer l'effet.

Je voudrais résumer, en quelques pages, ce qui me semble devoir constituer le gouvernement d'un pays arrivé au degré de civilisation du nôtre, de telle sorte qu'il laisse en pleine énergie toute l'activité dont la France est susceptible, tout en restant à l'abri de ces mouvements trop violents et de ces crises apathiques qui leur succèdent pour leur céder à leur tour la place, et ainsi sans fin ni trève. Si les idées républicaines, malgré la gravité de la situation, sont déjà l'objet d'appréhensions; si cependant l'apathie politique va, une fois la paix faite, constituer, à n'en pas douter, l'état endémique de la masse de la population jusqu'à ce qu'une secousse la réveille de sa torpeur, de manière que l'on peut prédire, à coup sûr, qu'une réaction sera ensuite prochaine, est-ce par ce que l'on a l'habitude de ne considérer en France aucune forme de gouvernement comme essentiellement durable, mais destinée, au contraire, à des transformations successives, dont il sera temps de s'occuper plus tard ? N'est-ce pas plutôt que la masse de la population a l'habitude de se désintéresser de la forme de gouvernement, soit parce qu'elle n'en sent pas l'importance, soit par ce que les intérêts que celle-ci régit ont de tout temps échappé à son action et à sa responsabilité, de sorte qu'elle n'intervient qu'en temps de crise, quand elle voit son existence menacée et ses intérêts en danger.

Cette situation morale du pays tient à ce que peu de monde se rend compte de ce que doit être un bon gouvernement pour un peuple libre, et ainsi il ne peut être inopportun que ceux qui ont plus longuement réfléchi sur cette matière ardue tentent la vulgarisation des conséquences auxquelles ils ont abouti. C'est à ce titre que nous allons essayer d'apporter notre pierre à l'édifice commun.

Que doit-on entendre par un Gouvernement ? C'est tout simplement l'ensemble des services généraux nécessaires à la gestion des intérêts communs. J'ajoute tout d'abord, pour préciser l'ordre d'idées qui doit dominer cette étude, que l'on doit tendre à réduire à la dernière limite l'ensemble des ces services généraux, en laissant autant que possible l'activité locale faire elle-même ses affaires. Il ne faut pas perdre de vue, en effet, que tout intermédiaire, tout rouage introduit dans la machine gouvernementale implique perte de force vive et accroît la dépense sans profit pour la majorité.

Tout au plus les intermédiaires trouvent-ils, dans leur coopération aux intérêts généraux, un emploi qui les fait vivre ou mieux végéter; mais, en somme, ces superfétations, nées pour la plupart du népotisme, du favoritisme, de la corruption électorale, etc.; toutes ces places désirées de tous, convoitées par toutes les ambitions, sont à peu près sans utilité pour le pays: tout au contraire, elles contribuent à sa dépravation, sans parler des forces vives ainsi perdues au détriment des intérêts particuliers et généraux.

Dans l'état actuel des choses, la France est livrée à un demi-million de fonctionnaires rétribués pour des services plus ou moins contestables et qui n'ont leur raison d'être que dans l'administration autoritaire du pays.

Elle n'y est arrivée, en effet, qu'à la suite de plusieurs siècles de constitution monarchique dont l'essence se résume entièrement dans la concentration des pouvoirs exercés à divers degrés par des créatures du monarque. Cette administration, à ce point de vue, est admirable, et nous en avons constaté les effets au 2 Décembre. Il a suffi à Napoléon de peupler les emplois de gens à lui, et l'on en trouve toujours quand on peut mettre en jeu l'intérêt personnel, agir sur un monde d'agents dont tous veulent parvenir, soit par nécessité de vivre, soit par ambition; il a suffi, dis-je, à Napoléon de composer l'administration de gens intéressés à le seconder pour s'emparer de la France à un moment donné. Le même danger peut renaître un jour du fait d'un pouvoir excessif remis aux mains d'un ambitieux ou d'une coterie, et la France, encore une fois, cessera de s'appartenir.

Cependant, quelle que soit la forme du gouvernement, république autoritaire ou république démocratique, le pouvoir exécutif sera toujours, pendant un certain temps, entre les mains des mêmes hommes. La Chambre sera toujours amenée à élire des ministres représentants de sa majorité, et il est, jusqu'à un certain point, désirable que les mêmes hommes restent en fonction pendant une certaine période, la mobilité du pouvoir exécutif constituant un abus d'autant plus grave que nous sommes plus habitués en France à la centralisation. On voit donc qu'au bout d'un certain temps si ce pouvoir exécutif n'est pas honnête, ou si seulement il a des idées systématiques qui l'amènent à considérer son maintien, sa permanence comme utile au pays, rien ne lui sera plus facile que d'assurer cette permanence, en attachant à sa fortune les rouages administratifs dont il est aisé de constater la trop grande puissance.

Nous concluons donc en vue du salut de la République, ou au moins pour lui éviter les périls inséparables de notre centralisation, à la réduction de ces rouages à leur plus extrême simplicité. Le Gouvernement de notre pays fait trop de choses; trop d'intérêts se rattachent aux hommes mis à sa tête pour qu'on puisse le conserver sans péril sous sa forme actuelle. Il faut arriver à une organisation telle, que les pouvoirs soient tellement scindés et indépendants, et tellement simplifiés au sommet, qu'ils permettent la mobilité la plus extrême sans danger pour la forme du gouvernement.

C'est seulement lorsque l'administration de la commune, du canton et du département sera indépendante du pouvoir central, pour ainsi dire soustraite à son action directe et isolée de son influence, que nous pourrons espérer de voir le gouvernement de la France cesser d'être l'objet de convoitises ambitieuses. Nous n'aurons plus à redouter ces commotions violentes, soudaines et radicales qui donnent le pays tout entier à qui triomphe dans la capitale, par cela seul qu'il dispose du fonctionnarisme et du télégraphe. Proclamer la République à Paris, la faire accepter d'enthousiasme par la France comme le seul moyen de salut, n'est ainsi qu'une mesure transitoire.

Il nous faut maintenant prévenir la réaction de tant d'ambitions égoïstes déçues, nous mettre à l'abri de toutes tentatives de commotions nouvelles, et, pour cela, ôter à ces ambitions tout moyen de se faire jour et de triompher en asservissant le pays. Quand ce qu'on appelle le gouvernement sera réduit, comme en Amérique, en Suisse, et même en Angleterre, à quelques services généraux, destinés à faire fonctionner les seules branches de l'activité nationale, qui ne peuvent être abandonnées à la gestion locale ou individuelle, nul doute que nous ne soyons à l'abri de ces aspirations funestes qui convoitent plus particulièrement les ressources d'un budget monstrueux pour eux ou leurs créatures.

Ne serons-nous pas débarrassés en même temps de ces convoitises coupables, si elles n'étaient aveugles, qui voient, dans la puissance de la centralisation et dans les ressources budgétaires, le moyen de mettre en pratique ces théories socialistes, nées de l'outrecuidance de l'esprit humain, et qui s'imaginent pouvoir refaire le monde au gré de leur imagination et redresser la marche qu'il suit depuis les temps historiques, doctrines insensées dont la vulgarisation vient de l'ignorance et de la misère, de la simplicité d'esprit et quelque peu de l'ambition de quelques-uns. Faut-il s'étonner que ces esprits, généralement ignorants des lois de la formation de la richesse, soient tentés d'expérimenter leurs théories naïves de participation, alors qu'ils voient les ressources du budget, absorbées par des services d'une utilité aussi contestable? A tous les points de vue, liberté, activité sociale, ambitions saines ou malsaines, économie, production, etc., il importe donc de simplifier la machine gouvernementale et de réduire les budgets qui l'alimentent. Il importe d'autant plus, qu'abstraction faite de tous les dangers de cet état de choses, notre machine gouvernementale est tellement compliquée et centralisée, elle embrasse tant d'intérêts, comporte une telle responsabilité, qu'il n'est pas d'hommes de bonne volonté pour lesquels elle ne soit une tâche trop lourde et qu'elle n'arrive à compromettre et à user à bref délai.

La science gouvernementale n'est pas une science à part, ou au moins elle ne doit pas l'être; les peuples seraient appelés à s'agiter indéfinitivement d'une forme de gouvernement à un autre et à périr infailliblement s'ils ne pouvaient vivre que sous la direction d'hommes providentiels. Il doit en être de cette science comme des autres. Or, en mécanique, une machine n'est pas bonne, si ses complications nécessitent pour sa mise en marche une étude trop profonde et trop délicate ; en exploitation, une méthode n'est pas bonne si elle absorbe en frais généraux une proportion trop grande de la recette totale. N'est-ce pas le cas de notre gouvernement centralisé? Il faut donc le simplifier pour prévenir tout école de la part de ceux qui le dirigent, pour faciliter sans troubles la succession des uns aux autres, pour réduire, enfin, la somme des frais généraux qu'absorbe son fonctionnoment régulier. Tel est l'objet des réflexions qui vont suivre.

Pour permettre au lecteur de les saisir plus aisément, nous avons scindé notre travail en le subdivisant suivant les ministères actuels dont l'ensemble constitue notre machine gouvernementale. On ne s'étonnera pas que nous ayons complété ce travail par quelques réflexions sur ce qu'on appelle vulgairement la réforme sociale, une question qui tient tant de place dans les préoccupations actuelles du pays. Enfin je termine par un mot sur l'institution du suffrage universel; vingt ans d'opinions républicaines bien arrêtées me permettent, sans crainte d'être taxé de réactionnaire, de dire toute ma pensée.

Octobre 1870.

II

INTÉRIEUR

Le ministère de l'intérieur est presqu'à lui seul tout le gouvernement, dont il résume la partie politique et administrative. Il régit les départements par les préfets, les arrondissements par les sous-préfets, les villes et jusqu'aux moindres villages, par les maires ; il surveille le tout par sa police à tous les degrés, depuis le préfet de police à Paris jusqu'aux gardes-champêtres des plus modestes hameaux. Il règle indirectement l'impôt, préside aux élections, nomme ou domine les fonctionnaires de tous les ordres et à tous les degrés, ordonne, exécute ou laisse exécuter tous les travaux ; il contrôle tout, donne son avis sur tout. Le ministère des finances, celui des travaux publics, de l'agriculture, et du commerce intérieur, le ministère de la justice et en partie celui de l'instruction publique sont pour ainsi dire ses annexes. En un mot, le ministère de l'intérieur, dans son état actuel, est le souverain maître du pays, et la France tout entière est dans les mains de qui le détient.

Il nous semble que la première chose à faire est la réforme de cette institution autoritaire au premier chef, si l'on veut arriver à la décentralisation indispensable à l'existence et au salut de la République.

Le temps n'est-il pas venu de laisser les communes s'administrer elles-mêmes par des conseillers municipaux et des maires librement élus? Les habitants, tous interessés à la bonne gestion des intérêts communs, seraient presque un contrôle suffisant. L'expérience doit, comme on dit, s'acheter au comptant, et s'ils sont tout d'abord médiocrement et même mal administrés, ils ne pourront s'en prendre qu'à eux-mêmes sans avoir à mettre en cause le gouvernement, tuteur général et, à ce titre, bouc émissaire de toutes les récriminations.

L'arrondissement, à cette heure, est reconnu comme un rouage inutile qui ne fait que retarder la marche des affaires. Le sous-préfet n'est pas assez au courant des administrations communales pour en aider efficacement la marche, sur laquelle il est, d'ailleurs, sans aucune action, puisque la décision appartient au préfet. Il me semblerait donc logique de supprimer les arrondissements et d'y substituer le canton agrandi, s'il y a lieu, et gouverné, lui aussi, par des délégués cantonnaux, agissant tant à titre de conseil pour le canton, qu'à titre de contrôle pour l'administration communale. Enfin le département s'administrera par un conseil général, servant de contrôle en même temps à la gestion des intérêts cantonaux et contrôlé lui-même par un délégué de l'Etat. Je ne vois pas en effet, pourquoi l'Etat interviendrait autrement que comme contrôle dans la gestion de tous ces intérêts locaux, pour lesquels il est plus que contestable qu'il soit compétent. Il suffit, ce me semble, pour la bonne harmonie, qu'un commissaire à lui soit chargé tout simplement de se tenir au courant de ce qui se fait, avec la faculté d'en référer comme d'abus par l'intermédiaire de son ministre, et pour toutes mesures de nature à nuire à l'intérêt général du pays, soit au Conseil d'Etat, soit à la Chambre même des représentants. Ceux-ci n'auraient plus à s'occuper directement des intérêts de leurs départements respectifs ; ils seraient les représentants de toute la France, qu'ils gouverneraient sommairement par une délégation ministérielle, toujours sous la dépendance de la majorité. Bien entendu que les représentants seraient à la France pour la gestion des intérêts généraux, comme les conseillers généraux sont au département, les conseillers cantonaux aux cantons, les conseillers municipaux à la commune.

Pour saisir le fonctionnement de ces conseils à divers degrés, considérons-les dans la répartition de l'impôt. Je pose en principe l'impôt simplifié et réduit à quelques taxes proportionnelles à la richesse en capital ou en revenus ; j'apprécierai plus loin la question. Il me semble que le conseil de chaque commune est en mesure d'évaluer assez approximativement ce capital ou ce revenu. De même pour le canton, le département et enfin la République.

Cela posé, chaque délégation, pour obtenir les fonds nécessaires aux besoins dont elle a la gestion, applique à ses commettants une taxe proportionnelle à la fortune ou aux revenus de chacun, sans se préoccuper des besoins des autres délégations qui en feront autant de leur côté. Les impôts ainsi obtenus conserveront leurs attributions spéciales et resteront à la disposition des administrations qui les auront prélevés. Les collecteurs de l'impôt auront quatre rôles de contributions, comme cela a lieu en partie déjà avec notre organisation actuelle.

Si nous passons à la justification de l'impôt, les sommes à payer par les communes figureront dans la caisse des finances sous forme de mandats ordonnancés par les maires, d'ordre du Conseil municipal ; ceux à payer par le canton, sous forme de mandats ordonnancés par les présidents, d'ordre du Conseil cantonal, et ainsi de suite. Les seuls impôts destinés aux besoins généraux s'en iront dans la Caisse de l'État.

On voit, sans que nous nous étendions davantage sur la matière, la simplification apportée à la machine gouvernementale. La commune, le département, le canton vivent d'une existence indépendante; la part de l'impôt imputée aux besoins locaux se trouve dépensée sur place, d'une manière appréciable pour chacun, sans contrainte du pouvoir supérieur, sans intermédiaire coûteux. L'impôt est établi selon les besoins et non plus, comme cela se fait actuellement, les besoins développés suivant l'importance de l'impôt; ce que l'on nomme l'État n'a plus, à sa disposition, que la part du budget afférente à quelques besoins généraux; son action ainsi circonscrite ne peut plus absorber le pays; la province acquiert une vie propre qui lui manque actuellement, au point qu'à cette heure où Paris est investi, on dirait un corps sans âme, incapable de se mouvoir seul et de prendre les résolutions d'où dépend l'intégrité de notre territoire.

Le ministre de l'intérieur n'a plus à se préoccuper des nominations des maires, sous-préfets, préfets, conseillers, etc. Il peut réduire des trois-quarts son administration centrale. Il n'a plus dans chaque département qu'un fonctionnaire de l'ordre administratif et politique, aidé de quelques agents secondaires, et ce fonctionnaire n'agit qu'à titre de contrôle, sans intervention active et directrice. Par lui, le gouvernement central sait ce qui se passe, mais sans pouvoir rien y faire, sauf le cas d'abus d'autorité à déférer à la Chambre, seule souveraine. En un mot, le pays se gouverne lui-même par des pouvoirs constamment soumis à l'élection et à la réélection.

Il est évident que, dans cet ordre d'idées, l'opinion

du pays fait loi dans tous les cas. Pour qu'elle puisse se manifester sans troubles et sans secousses, il me paraît que les divers pouvoirs devraient être élus pour une période indéterminée, sauf réélection par cinquième, chaque année. De cette manière, ces pouvoirs restent, pour ainsi dire permanents, tout en se retrempant incessamment par l'adjonction de nouveaux membres nommés sous l'influence de l'opinion régnante. C'est le seul moyen d'éviter ces fluctuations radicales, telles qu'elles résultent généralement de l'entier renouvellement des pouvoirs électifs à des périodes fixes, ou ces permanences d'opinions des Chambres qui peuvent être en désaccord avec le pays, sans que celui-ci puisse faire connaître sa volonté. Or, comme l'a dit M. Lowe, le ministre des finances de l'Angleterre, dans une circonstance récente : *Un gouvernement ne peut pas être plus sage et plus apte que la nation elle-même à juger de toutes choses*, et c'est à celle-ci, en somme, qu'il appartient de choisir sa voie.

En appliquant ces principes au gouvernement de la République, il est évident qu'on préviendrait toute secousse violente, de même que toute surprise d'absorption personnelle. L'une et l'autre sont sans raison d'être, l'omnipotence gouvernementale ayant disparu, et le peuple, éclairé par son propre intérêt, étant le vrai gérant de la fortune publique et se gardant bien d'y apporter le trouble inséparable des révolutions.

Les quelques employés nécessaires, comme intermédiaires, à la gestion de la chose publique, resteront en grande partie sous la main des administrations locales.

Celles-ci étant responsables devant leurs administrés, et le contrôle étant facile, on n'aura plus à craindre la création d'emplois factices exclusivement motivés par le favoritisme, et qui n'en pèsent pas moins sur le budget.

Enfin, il n'y aura plus de ces conflits, de ces suprématies d'attributions, qui sont autant d'entraves pour la marche de l'administration. Les services, considérablement réduits, puisqu'ils ont un moindre champ d'action, fonctionneront librement et indépendamment l'un de l'autre, sous la surveillance directe d'administrateurs temporaires soumis à l'élection de tous les citoyens. Le mécanisme indiqué pour la perception de l'impôt se reproduira pour la dépense, en tant qu'elle s'appliquera à des besoins locaux. Dès que ces besoins dépasseront la sphère du département, ils entreront dans les attributions de la Chambre. Je citerai, par exemple, les postes, le télégraphe, l'enseignement supérieur, une partie de l'administration de la guerre et des travaux publics, etc. En un mot, les administrations locales pourvoieront, en recettes et en dépenses, aux besoins locaux, en tant qu'ils ne touchent pas aux intérêts généraux du pays. Le pouvoir central n'aura à pourvoir qu'aux besoins généraux, en y appliquant la part du budget prélevée directement par l'intermédiaire de la Chambre pour la gestion de ces besoins.

J'arrête ici ces réflexions, qui ne sont, on le comprend, qu'une analyse à grands traits de l'organisation qui me paraît désirable pour un vrai Gouvernement républicain.

Je veux, cependant, noter une observation qui a son importance, au point de vue de l'esprit autoritaire qui caractérise le fonctionnarisme en France. Je suis sûr que plus d'un agent se trouvera froissé d'être placé directement sous la dépendance et le contrôle des contribuables : la plupart se considèrent, en effet, comme des représentants du pouvoir central qui les nomme et les paye, et n'acceptent nul esprit de sujétion, vis-à-vis des éléments locaux près desquels ils sont délégués, et dont ils se tiennent comme parfaitement indépendants.

C'est là une aberration autoritaire qu'il importe de réformer. Le fonctionnaire public, sous un régime républicain, est fait pour la fonction, et non plus la fonction improvisée pour la plus grande gloire et le profit du fonctionnaire. Qui n'a remarqué qu'en France, dès qu'un homme a endossé un uniforme caractéristique d'un emploi public, fût-ce une simple plaque de garde champêtre, il se dresse sur ces pointes, si j'ose dire, traite tous les pauvres citoyens, en relation avec son service, comme des êtres inférieurs, des subalternes qui lui doivent obéissance et respect ? Il se croit, comme avant 1789, le délégué du roi et en affiche l'autorité, poussée souvent jusqu'au despotisme. Ce travers contribue, plus qu'on ne le croit, à faire considérer le tempérament français comme anti-républicain.

La réforme de ce travers sera, sans aucun doute, activée, en mettant, autant que possible, les fonctionnaires sous la dépendance directe des autorités locales, autorités républicaines et égalitaires du fait de l'élection, et sans aspiration aucune à une majesté quelconque. En même temps que nous trouvons là un principe d'économie, une garantie de meilleur service, un contrôle plus efficace, nous arrivons à remettre chacun à sa place, et du même coup nous combattons un vestige de tendances autoritaires qui sont arrivées avec le temps à faire partie du caractère national, et qu'il nous faut cependant étouffer radicalement pour arriver à de véritables mœurs républicaines.

III

FINANCES

IMPOTS — PERCEPTION

Le département des finances a pour fonction la collection des impôts de toute nature qui pèsent sur les contribuables, et le payement de tous les services publics, y compris celui de la dette. Sans parler du service central, installé à Paris à cet effet, et de l'importance duquel peu de personnes ont l'idée, il opère les recettes au moyen des percepteurs, receveurs particuliers et receveurs généraux, pour l'impôt personnel, l'impôt foncier et l'impôt mobilier ; par un personnel groupé à peu près de même manière pour les impôts indirects ; par un autre personnel encore pour les douanes ; par un autre encore pour divers services de timbre, d'enregistrement, etc. Le réglement de la dépense s'effectue, partie par ces divers services, partie par des payeurs particuliers ou généraux. Enfin, le tout est contrôlé par divers services d'inspection, et finalement par la Cour des comptes. Nous en passons, mais nous n'en finirions pas s'il fallait énumérer tous les rouages en détail. Le lecteur s'en formera une opinion d'après ce résultat : c'est que le maniement des deniers publics nous coûte, en frais de personnel, environ 5 à 6 0/0 de la recette totale. Il y a véritablement là, par suite, il est vrai, du morcellement et de la diversité de l'impôt, une exagération, une multiplicité d'intermédiaires dont il importe de réduire le chiffre. Il faut commencer par remanier l'assiette de l'impôt, simplifier la matière imposable ; la réduction des frais de perception ira ensuite de soi.

L'impôt, ce me semble, ne doit être que la prime payée par les membres de la société pour la sécurité de leur personne et la protection de leurs capitaux acquis ou du libre développement de leur activité, l'une et l'autre assurées au moyen de services généraux, dont l'ensemble constitue ce qu'on est convenu d'appeler le gouvernement.

Cette prime, en toute logique, ne saurait être que proportionnelle aux services rendus à chacun par l'administration commune, services eux-mêmes généralement proportionnels à la fortune de chaque particulier. N'en déplaise à certaines théories, mal à propos dites avancées et qu'on a tort de prendre au sérieux, loin que l'impôt puisse être progressif, c'est plutôt le contraire qui serait la vérité. Car, plus grands sont les intérêts assurés,— les tarifs de toutes les compagnies d'assurance en font foi, — moins grande est l'importance relative de la prime à payer : les grands encaissements contribuent, en effet, à la réduction des frais généraux. J'ajoute que plus grands sont les intérêts assurés, moins grand est le besoin de la protection gouvernementale ; le riche souffre, en effet, moins que le pauvre d'une perturbation sociale, et, à ce titre, il a moins besoin de l'ordre public. Sans plus nous appesantir sur ces détails, nous posons l'impôt proportionnel.

L'impôt personnel, l'impôt foncier et mobilier ne s'écartant pas de cette proportionnalité, nous n'en parlerons pas autrement, sauf réserve pour la quotité telle qu'elle existe actuellement, et pour les valeurs mobilières, qui nous semblent devoir rentrer dans la loi commune. Mais il n'en est pas de même pour les contributions indirectes, les douanes, les droits de succession et de mutation, les octrois, etc.

S'il est logique que l'impôt doive être proportionnel à l'importance de la protection sociale résultant d'un gouvernement commun, s'il doit être perçu en toute égalité, sans restrictions ni mystères, les contributions indirectes ne sont-elles pas tout ce qu'il y a de plus contraires à ces principes ? Que les gouvernements autoritaires les aient établies et maintenues, rien de plus simple : ces gouvernements n'avaient en vue que de prendre partout où ils trouvaient à prendre, sans se préoccuper du fond ni même de la forme, si ce n'est pour déguiser, autant que possible, les prélèvements, à leur profit, sur la fortune de leurs sujets.

Il n'en saurait être de même sous un régime populaire, et il appartient au gouvernement républicain de les supprimer. Non-seulement les contributions indirectes portent sur quelques branches de la production nationale, qui, à aucun titre, n'ont raison d'être exceptionnellement frappées, mais encore, en tant qu'impôts de consommation, elles pèsent surtout sur des contribuables plus dignes d'intérêt. Ce sont, en effet, les citoyens pauvres qui les acquitent dans une proportion relativement plus élevée. Je défie le sophiste le plus exercé de légitimer de pareilles taxes qui vont à l'encontre de tous les principes d'égalité, de proportionnalité et de perception normale. Elles violent le principe de proportionnalité, car elles font double emploi en frappant le revenu après avoir frappé le capital par l'impôt foncier ; elles violent l'égalité, tous ne les acquittant pas au même degré, et enfin leur perception est par excellence vexatoire.

Passons aux douanes.

Les douanes représentent une branche de l'impôt peu importante, en somme ; car, outre les frais d'une perception difficile et coûteuse, le produit en est grevé d'une restitution à la production intérieure, sous forme de primes à l'exportation. En tant que revenus publics, les esprits les plus prévenus en feraient donc aisément bon marché. Mais, sous prétexte de protéger le travail national, elles servent à prélever sur la production générale une prime considérable au profit de la production particulière; elles constituent un privilége, en un mot, et alors gare à qui y touche! Nombre de gens, d'ailleurs, même parmi les exploités, pensent avec bonne foi qu'il y a avantage pour le pays d'élever le prix de certains objets susceptibles de nous venir de l'étranger, c'est-à-dire d'ajouter à leur prix réel une prime en faveur de l'Etat, en cas d'importation, ou au profit du producteur, si ces objets sont fabriqués en France. C'est là du socialisme tout pur et, néanmoins, ces mêmes hommes qui érigent en principe la solidarité des industries et qui en poursuivent l'application par la subvention sous forme de droits protecteurs, s'insurgent parfaitement contre l'application au travail, à ses divers degrés, de ce même principe de solidarité. Ce qu'ils prônent pour le capital, ils le refusent absolument pour le travail, qui, cependant, est au moins aussi digne d'intérêt.

C'est la conséquence naturelle de tout sophisme, et la contradiction nait toujours de son application. Ainsi, par exemple, un des grands arguments protectionnistes, c'est la considération du travail qui résulte pour la classe ouvrière de nouvelles industries créées dans le pays, même quand elles ne peuvent prospérer que par la protection. Or, se fait-on faute, dans le Nord et l'Est, d'occuper presqu'en majorité des Belges et des Allemands? N'a-t-il pas été question, il y a peu de temps, des immenses brasseries d'Ivry, entièrement peuplées de Prussiens? Pour être logiques, les protectionnistes devraient prohiber le travail étranger comme ils prohibent le produit étranger, car si celui-ci nuit au capital national, celui-là nuit au travail, en abaissant par la concurrence, le prix de la main d'œuvre. J'ajoute, pour épuiser l'argument, que ces créations d'industries artificielles ne sont pas toujours un bienfait pour les ouvriers qu'elles emploient. Elles les détournent des travaux de l'agriculture qui réclament des bras de toute part, et ne leur donnent que rarement, en échange, la santé et la prospérité. Enfin est-il bien certain que l'augmentation de salaires, qui en résulte pour eux, compense toujours l'augmentation de prix de nombre de produits de consommation, qui en est une conséquence non moins immédiate ?

Je crois que l'on est bien plus près de la vérité, en considérant la protection comme un impôt prélevé sur les consommateurs, au profit exclusif du capital, le travail souffrant de cette protection plus qu'il n'en bénéficie et pouvant, dans la majorité des cas, trouver son emploi ailleurs. Sans insister autrement sur ce point, le lecteur doit reconnaître que la protection est un privilége, ayant divers degrés suivant les industries, mais n'en conservant pas moins son caractère d'inégalité, puisque les industries ne sont ni également ni toutes protégées ; qu'elle favorise principalement le capital, rarement, et toujours dans une faible proportion, le travail direct, tout en pesant sur le travail indirect, celui qui relève des industries non protégées ; qu'elle est l'application des principes socialistes, d'ordre de la loi ;

qu'elle devient ainsi un danger social si la classe ouvrière exigeait la réciprocité : d'où je conclus que tout travail, qui ne peut soutenir la concurrence et qui a besoin de subvention sous une forme quelconque, n'a pas de raison d'être.

Cela ne veut pas dire que j'entende proclamer subitement le libre échange et en appliquer les doctrines, sans tenir compte des errements du passé, de la perte de capitaux qu'entraînerait leur abandon immédiat et des nécessités locales qu'ils ont fait naître. Je proposerai un moyen terme qui me semble concilier tous les intérêts, au moins jusqu'à ce que la conviction soit entrée dans tous les esprits. Admettons comme décrété le libre échange absolu. Pour la protection des industries frappées par cette mesure et reconnues d'utilité publique, on pourra, ou voter à leur profit une subvention annuelle calculée sur la prime dont elles ont besoin pour soutenir la concurrence étrangère, ou, si les chefs d'industrie le préfère, prendre, au nom de l'Etat, la régie des établissements, dans lesquels on pourrait étudier l'application pratique des doctrines de la coopération (v. Chap. XII), en réservant à ces chefs d'industrie une indemnité annuelle en rapport avec l'importance de leur capital. Dans l'un et l'autre cas, c'est l'impôt général qui reste chargé d'acquitter la quote-part indéterminée imposée jusqu'ici aux consommateurs. Si le lecteur s'étonne de cette mesure, je le prie de remarquer que tout se tient dans l'économie sociale, qu'il est impossible de frapper d'un droit un produit quelconque, sans que les effets se répercutent aussitôt sur tous les autres, sans que les lois de la production générale s'en trouvent plus ou moins modifiées.

La généralisation de l'impôt est donc un fait acceptable, et seul il permet de suivre l'importance variable de la protection à prêter à quelques industries. La quotité en apparaîtra au budget chaque année, et chaque année les représentants du pays, appelés à la voter, pourront en discuter la légitimité, au point de vue des intérêts généraux du pays. Nous n'aurons plus à supporter des charges considérables, sans en connaître ni l'opportunité, ni la légitimité, ni la quotité. J'ajoute que l'on ne tardera guère à voir que ces questions de douanes protectrices ne sont guère que des priviléges au profit de quelques-uns et au détriment de tous. Les relations commerciales sont, à cette heure, trop vulgarisées, leur vitalité importe trop à la paix universelle entre les peuples, pour qu'il y ait à se préoccuper outre mesure de questions de prohibition ou de protection. Laissez le travail s'exercer librement suivant les milieux, suivant les conditions économiques de chaque peuple et suivant son aptitude spéciale : l'équilibre, soyez sûrs, ne tardera pas à s'établir à la satisfaction de chacun. Donc, plus de contributions indirectes, c'est-à-dire plus d'impôts déguisés, plus de droits réunis et plus de douanes.

Après ce qui précède, est-il nécessaire de justifier la suppression des octrois des villes? Nous ne le pensons pas. Si les villes ont des charges spéciales, tous les habitants doivent en supporter une part proportionnelle et c'est à leur Conseil municipal à en déterminer l'application et la quotité.

L'octroi est blâmable en ce qu'il n'a rien de proportionnel dans son application, et ne constitue pas un impôt dont la quotité soit aisément appréciable. Je prie le lecteur d'essayer de se rendre compte, par exemple, de ce que paie à l'octroi de Paris un grand banquier de la capitale ou un simple ouvrier dépensant, pour la nourriture des siens, simplement 5 fr. par jour? La comparaison ne serait pas aisée, encore qu'il soit bien certain que l'ouvrier versera à l'octroi une grande proportion de ses salaires annuels, et le banquier une proportion absolument insignifiante de ses recettes. Je laisse au lecteur à décider lequel des deux profite généralement le plus de l'application des produits des octrois.

En résumé, nulle difficulté ne peut naître, pour les villes, de la suppression de ceux-ci ; nous proposons moins une réduction qu'une répartition plus équitable. On payera le même chiffre si ce chiffre est reconnu nécessaire, et chacun payera proportionnellement à ses ressources. C'est là le seul moyen d'obtenir la substitution de la proportionnalité à l'inégalité et à l'arbitraire qui règnent présentement.

Je sais que je viens de toucher à des points délicats et que j'aurai contre mes idées tous ceux qui prétendent que le meilleur impôt est celui qui est établi, et ceux bien plus nombreux encore qui voient dans les douanes, non pas seulement une branche de revenu pour le trésor, alimentée par le travail étranger, mais encore une protection du travail national, autant de sophismes que la science essaie de détruire depuis longtemps et qui, cependant, ne cessent d'avoir des adeptes.

Sans entrer dans une plus longue discussion, je pose en principe que les seules doctrines acceptables en fait d'impôts, quelles qu'en soient la base et la forme, sont celles qui en déterminent l'application à chaque citoyen, proportionnellement aux bénéfices qu'il retire de l'organisation sociale, des services généraux communs, du gouvernement, en un mot. Voilà les seules doctrines vraies, les seules compatibles avec les institutions d'un gouvernement républicain. Tout impôt qui les viole doit être rejeté, et c'est à ce titre que nous demandons l'abolition des contributions indirectes, des douanes, de l'octroi, des droits de timbre, de mutations, etc.; en un mot, de tous les impôts qui n'ont d'autre raison d'être que l'opportunité d'un certain prélèvement, au profit du fisc, dès que les citoyens ont à recevoir ou à payer quelque chose, c'est-à-dire dès qu'ils ont l'imprudence de laisser voir qu'ils ont à leur disposition une somme quelconque. Qu'un roi de droit divin ou, ce qui revient au même, du droit de la force, uniquement préoccupé de prendre partout où il trouve à ravir; que ses sujets, obligés de payer sans savoir ni pourquoi ni comment, aient inauguré ou accepté un tel principe : je le veux bien. Mais une telle doctrine est inacceptable pour des citoyens constitués volontairement en société, à même d'apprécier les besoins de l'association et désireux d'y satisfaire dans la limite de leur pouvoir.

A ceux qui douteraient de cet état de choses, c'est-à-dire que la multiplicité des impôts et leur mode d'application n'ont pour but que de dérouter les contribuables et leur ôter tout appréciation exacte de la proportion de leurs contributions, je leur adresse le défi d'évaluer *à priori* ce que paie, relativement, le propriétaire d'une fortune rurale d'une vingtaine de mille francs. Il paie la capitation, l'impôt foncier, l'impôt des portes et fenêtres, les centimes additionnels, communaux et départementaux ; ses produits vont dans les villes où ils acquittent les droits d'octroi ; le vin qu'il consomme a été frappé d'un droit pour aller du pressoir à son cellier ; il paie pour le sel qu'il emploie, pour l'alcool qu'il boit, pour le tabac qu'il fume ; les produits manufacturés dont il a besoin ont plus ou moins acquitté des droits de douane ou, ce qui revient au même, les droits différentiels de produits nationaux similaires. S'il hérite d'un lopin de terre ou s'il l'achète de ses économies, il paie les droits de timbre pour le testament qui le lui lègue, ou pour l'acte du notaire qui constate la vente ; il paie les droits de mutation, de liquidation, d'hypothèques, s'il y en a ; il paie les droits d'enregistrement dans tous les cas. Soit en argent, soit en nature, il paie ses prestations. Je dois en passer, car la liste en est longue. Il paie, en un mot, pour tout ce qu'il produit et tout ce qu'il consomme, voire même pour l'air qu'il respire ; l'impôt le saisit dans tous les actes de sa vie, le met à contribution, sans proportion ni égalité relativement, heureux quand, à la charge de l'impôt, ne s'ajoutent pas les vexations de la perception, car il a affaire avec une pleïade d'agents qui, tout en absorbant, en leur qualité d'intermédiaires souvent parasites, une bonne partie de la recette, n'en oublient pas moins quelquefois qu'ils ne sont que les serviteurs des contribuables pressurés par eux au nom de l'Etat, et d'autant plus excusables d'hésiter à payer, qu'ils savent moins pourquoi ils payent et quelle est la destination de leur argent, encore que quittance leur en soit donnée sur papier timbré, à leurs frais, bien entendu. Ajoutons à cette kyrielle d'impôts que, s'il a besoin directement de l'un des services généraux rétribués au moyen de ses deniers, il devra, selon toute probabilité, payer encore et, surtout, payer comptant.

Cette multiplicité d'impôts doit être abolie et remplacée, si ce n'est par un impôt unique, au moins par un petit nombre indiqués, d'ailleurs, par la logique. L'impôt, nous l'avons dit, est une prime payée par chacun pour sa sécurité personnelle, pour la protection de sa fortune acquise, et enfin pour la protection de son activité ; de là, trois sortes d'impôt qui se résument dans la cote personnelle, la cote foncière et mobilière, et la patente. La première doit être la même évidemment pour tous les citoyens ; la deuxième doit être proportionnelle à l'importance de la protection requise, c'est-à-dire à l'importance du capital ainsi assuré, de même que la troisième doit être proportionnelle aux produits de l'activité de chacun. Je me rends bien compte que le droit sur la propriété foncière et sur la propriété mobilière, principalement, aura forcément quelque chose d'arbitraire ; que le droit de patente violera quelquefois le principe de proportionnalité, les résultats de l'activité individuelle variant avec les individus ; mais, à n'en pas douter, l'arbitraire, l'inégalité iront s'affaiblissant de plus en plus, au fur et à mesure que s'établira l'habitude de l'impôt. Les déclarations individuelles sont, d'ailleurs, susceptibles de contrôle sans tomber ni dans l'inquisition ni dans la délation. L'impôt de la patente, variable avec l'activité personnelle de chacun, comporterait, bien entendu, divers degrés.

En dehors de la cote foncière et mobilière, de la patente, et de la cote personnelle, tous autres droits seraient supprimés, la quotité de ces trois formes d'impôts devant être établie de manière à satisfaire à tous les besoins locaux et généraux. Les individus dépensent leur fortune comme bon leur semble, ils l'emploient comme il leur convient, le fisc n'a plus à les suivre pour les pressurer en toute occasion. Que de tribulations de moins ! On conçoit, d'autre part, quelle simplicité en résulte pour la perception, et que d'économies on réalise sur ce chapitre. Les bases se réduisent au recensement des individus pour la cote personnelle, à la statistique des fortunes pour la cote foncière et mobilière, au recensement des fonctions pour la patente ; c'est là une besogne qui regarde exclusivement les autorités locales, et qui sera le plus ordinairement réglée en famille sans arbitraire sensible, tout le monde, en cette matière, contrôlant tout le monde, et la somme à payer étant facile à déterminer pour chacun.

La perception, disons-nous, s'en trouve simplifiée au delà de toute limite et se résume dans le service affecté présentement au prélèvement des contributions de même nature, sauf la cote mobilière qui s'appliquera aux valeurs industrielles épargnées jusqu'ici, l'on ne sait pas bien pourquoi, si ce n'est que ce sont les détenteurs de ces valeurs ou leurs alliés qui ont été chargés de faire la loi : la cote foncière et mobilière doit s'appliquer, en terme générique, au capital sous toutes ses formes, de même que la patente, à l'activité individuelle sans distinction, même à la classe ouvrière. Les pratiques de la perception n'en sont pas modifiées pour cela, et au lieu que l'importance s'en accroisse, il ne sera pas difficile de prouver, au contraire, qu'elles comportent nombre de modifications propres à les simplifier et à en réduire la dépense.

La perception de l'impôt foncier et mobilier se fait encore, en effet, à l'aide des mêmes rouages créés au commencement du siècle, à une époque où les communications étaient longues et difficiles, le public rebelle au payement des impôts, le crédit de l'Etat peu développé, au point que l'intervention des receveurs généraux, rappelant les fermiers généraux de l'ancien régime, lui était nécessaire, et que leurs cautionnements lui étaient une ressource.

Depuis longtemps, les conditions de la perception de l'impôt se sont tellement modifiées, que tous les rouages onéreux créés à cette époque n'ont été conservés qu'en vue du favoritisme, car ils ne constituent, sauf quelques exceptions, que des sinécures.

fort lucratives, comme on sait. Les impôts sont recueillis dans chaque commune par les percepteurs, qui les font passer dans les caisses des receveurs particuliers d'arrondissement, lesquels les transmettent tout simplement dans la caisse du receveur général du département. Celui-ci s'acquitte vis-à-vis du trésor soit par délégations, soit par versements directs. Au début, les receveurs généraux avaient la charge de souscrire, en traites dont la caisse des cautionnements avaient la responsabilité, la totalité de l'impôt annuel que l'Etat encaissait ainsi à son gré, par l'escompte, sans avoir à se préocccuper des difficultés et des retards des payements des contribuables; comme rétribution de ce service, qui, alors, était réel, les receveurs jouissaient de la bonification de trois mois d'intérêts, sans préjudice des intérêts des sommes versées, par anticipation, par les particuliers. Ces avantages, ils ont continué à en jouir, bien que le Trésor n'ait que faire de leur concours, que leur cautionnement lui soit un obstacle plutôt qu'un bénéfice, qu'en un mot, le gouvernement, avec le développement actuel du crédit, soit plus à même d'user du crédit public, au moyen des bons de la trésorerie, qu'un receveur général, quels que soient sa position et son cautionnement.

Des receveurs particuliers, il n'y a lieu d'en parler que pour demander leur suppression en tout état de cause. Leur seule raison d'être, à l'origine, a été dans l'éloignement du chef-lieu et la difficulté des communications qui eussent rendu trop pénibles ou périlleuses les fonctions des percepteurs. Ajoutez à ces trois espèces d'agents : receveurs généraux, receveurs particuliers et percepteurs, les payeurs à divers degrés, les inspecteurs, directeurs, contrôleurs, sans parler du ministère où tout s'inscrit, se compulse, se vérifie, se contrôle, en un mot se centralise, et vous vous rendrez facilement compte que le mouvement général des fonds du budget coûte 5 à 6 0/0 de la recette totale. Nous l'avons dit précédemment, c'est là une exagération qu'il est impossible de justifier, quand nous avons un service de poste, de chemins de fer même, et, en tout cas, d'établissements de crédit, qui permettrait d'opérer les recettes et de les encaisser sans difficultés et presque sans frais relativement.

On comprend le maintien des perceptions, soit environ, pour 40 mille communes, 2,000 agents, à 3,000 francs de traitement moyen, ensemble 6 millions. Les percepteurs verseraient mensuellement les recettes au canton soit au bureau de poste, soit à une station du chemin de fer, qui les transmettrait à un établissement de crédit, au siége du département, une succursale de la Banque, par exemple, chargée, en même temps, du payement des délégations tirées sur elle.

Du même coup se trouvent supprimés les receveurs particuliers, payeurs de département et receveurs généraux, c'est-à-dire une dépense d'une quarantaine de millions par an. Nul doute que le surcroît de charge occasionné à la Banque, de ce fait, ne puisse être effectué et au-delà par les employés des recettes générales et particulières. Le service de la Banque devient ainsi gratuit, et même il est douteux qu'il n'en ressorte pas un notable avantage pour l'Etat, en ce sens que l'importance des comptes-courants, qui naîtront de cette organisation nouvelle, vaudra à la Banque des avantages dont le gouvernement peut se réserver une partie. Qu'on veuille bien remarquer que nous ne disons là rien de bien neuf, car la Banque d'Angleterre a, en charge, ce même service que nous proposons d'attribuer à la Banque de France.

La Banque de France est une institution dont il y a lieu de réviser la constitution, d'autant que le cours forcé imposé à ses billets vient d'apporter un trouble profond dans la circulation. Si ce cours forcé a eu pour mobile le désir du gouvernement déchu de recourir au crédit de la Banque, voire même de mettre la main sur son encaisse métallique, qu'on ose le dire, sinon qu'on justifie la mesure que, pour mon compte, je considère comme illogique et arbitraire au plus haut degré. Les considérations suivantes l'établiront. La Banque de France est une institution privilégiée qui a pour objet, dans sa constitution actuelle, d'accepter des particuliers des engagements à terme, à 90 jours au maximum, et d'y substituer des engagements à elle payables au porteur et à vue et qui ont, par ce fait, une plus grande facilité de circulation. Il n'y a d'exception à ce principe qu'autant que la Banque escompterait les engagements privés en les payant en numéraire; mais comme elle a fait emploi de son capital, qui est tout entier en titres de rente, et qu'elle ne paie aucun intérêt pour les dépôts particuliers, on saisit facilement que cette faculté d'escompte est limitée au gré du public et se réduit, en somme, à sa circulation en billets de banque. Son encaisse n'est pas plus à elle que les autres valeurs qui figurent à son actif, exception faite pour les titres représentatifs de son capital; elle appartient entière- aux porteurs de ses billets. La question de l'organisation de la Banque de France ne peut-être traitée dans cette rapide analyse, nous devons renvoyer aux traités spéciaux sur la matière. Bornons nous à dire que cet établissement privilégié vit de son privilége, ne rend que des services insignifiants dont on s'est de tout temps fort exagéré l'importance, marche à la remorque du crédit public au lieu de le diriger, l'entrave, par conséquent, et devient la cause la plus efficace des crises qu'il a pour mission de conjurer.

L'État peut, en toute sûreté de conscience et comme une faible compensation du privilége injustifiable qu'elle exploite, demander à la Banque le concours le plus actif sans aucune rétribution. Ce ne sera certainement pas trop exiger que de lui imposer le service de la centralisation de tous les impôts, c'est-à-dire la besogne qu'exécutent maintenant les receveurs généraux et particuliers, les payeurs, la caisse du Trésor, etc. — Je répète qu'il n'est, d'ailleurs, pas certain que l'ensemble de ce service constitue pour la Banque une charge réelle; je ne serais pas éloigné de croire qu'elle peut en tirer avantage en raison des développements que doit en recevoir son crédit.

Si nous résumons ce qui précède sur les finances

et les questions qui s'y rattachent, il s'en dégage d'abord la nécessité de la simplification de l'impôt et d'une modification radicale dans son assiette, de manière à lui donner la proportionnalité qui lui fait complétement défaut; en un mot, il faut lui appliquer le principe de l'égalité devant les charges publiques.

Les services généraux, qui constituent ce qu'on nomme le gouvernement, ayant pour but la protection de l'individu, de son activité et de son capital, nous en déduisons l'impôt personnel, c'est-à-dire la capitation, l'impôt des patentes et l'impôt du capital. Je ne vois pas d'autres matières imposables, ou plutôt, en imposant l'individu ainsi que les produits de son activité et son capital, il me semble que l'impôt devient général et s'applique à tous, dans une mesure proportionnelle, et en conformité, aussi rigoureuse que possible, du principe d'égalité devant les charges communes.

Il en résulte, on ne saurait le nier, une réduction considérable dans les frais de perception de l'impôt et particulièrement la suppression de nombre de sinécures, dont le maintien est incompatible avec un gouvernement populaire.

La facilité d'évaluation de l'impôt supprime tout écart dans la recette, fait disparaître les déficits éventuels de nos budgets, et permet à chaque délégation, prévue pour la gestion administrative du pays, de déterminer, d'une manière certaine, la proportion de l'impôt qu'elle doit frapper, pour faire face à la part des charges publiques qui lui incombe.

Enfin, nous prévenons la centralisation de toutes

les recettes entre les mains du pouvoir, c'est-à-dire, éventuellement, d'un homme ou d'un parti qui peuvent en mal user. Si l'argent est le nerf de la guerre, comme on dit, c'est aussi le nerf du despotisme et de la corruption.

Il est temps que la France cesse d'être traitée en mineure et qu'elle s'émancipe, c'est-à-dire qu'il faut qu'elle sache bien quelles sont ses ressources, quelle en est l'origine et surtout la destination. L'impôt simplifié, sa perception réalisée avec économie, son emploi réglé par des pouvoirs à divers degrés nommés à l'élection, peuvent seuls lui permettre d'arriver au résultat proposé, et de prévenir l'escamotage, par un homme ou un parti, de toutes ses forces vives.

Pour fixer les idées, essayons d'évaluer approximativement la recette afférente à l'impôt sous les trois formes que nous proposons.

L'impôt de la capitation s'applique à environ 10 millions de citoyens : mettons 10 francs l'un, nous obtenons une première recette de 100 millions de francs.

L'impôt des patentes, celui sur le capital sont d'une évaluation plus difficile ; cependant, nous avons une base : celle du revenu moyen de la France, que les économistes s'accordent assez à évaluer à 15 milliards. Je ne crois pas m'éloigner sensiblement de la vérité en imputant les 2/3 de ce chiffre au travail, et le dernier tiers au capital. Les patentes s'appliqueraient ainsi à une production de 10 milliards par an. Si nous frappons cette production d'un impôt de 10 0/0, nous obtenons une deuxième recette de UN milliard à répartir sur 5 à 6 millions de producteurs valides. Un ouvrier, par exemple, gagnant 1000 francs par an, payerait 100 fr. d'impôt : qu'on veuille bien remarquer que ce chiffre n'égale pas les primes de toute nature perçues présentement sous divers titres, contributions indirectes, patentes, douanes, octrois, etc. Par contre, un banquier gagnant cent mille francs par an aurait à payer 10 mille francs au fisc, somme qui dépasse certainemeut le total, à sa charge, des impôts ci-dessus. Nous ne faisons que rétablir la proportionnalité.

Enfin, l'impôt foncier et mobilier portant sur un revenu de cinq milliards, soit en capital à 3 0/0, environ 150 milliards, pourrait être frappé de 1 0/0 en capital. Cette prime paraîtra énorme, mais il y a lieu de remarquer que l'État n'a pas à encourager les rentiers (1), qu'ils ne payent pas la patente et que cette prime les dispense de tout autre charge publique, de telle sorte que nous n'augmentons certainement pas les impositions qui les frappent à cette heure. Notre troisième recette atteint ainsi environ UN ET DEMI milliard : soit ensemble, pour les trois chefs de contributions, DEUX MILLIARDS SIX CENTS MILLIONS, c'est-à-dire ce que la France paie actuellement.

Mais nous avons à déduire des charges publiques de nombreuses économies en personnel et frais généraux, que nous pouvons bien évaluer à 500 mil-

(1) Il ne faut pas perdre de vue, en effet, que le rentier cesse de participer à la production et ne contribue plus à la progression de la richesse générale.

lions, sans parler des non-valeurs que nous rendons à l'activité, les hommes de l'armée, par exemple. Il n'y a donc pas à craindre, de ce que l'impôt est plus justement réparti et son emploi localisé, que l'argent fasse défaut; d'ailleurs, nous pourrions même accroître ce budget sans épuiser le pays, du moment où l'emploi de l'impôt ne paralyse plus l'activité sociale et se trouve affecté à des services productifs.

IV

AGRICULTURE ET COMMERCE

Si j'examine ces ministères, c'est pour me demander quels services importants est appelé à rendre leur nombreux personnel. Je ne pense pas qu'il puisse faire autre chose que dresser des statistiques de la production sous toutes ses formes. Or, est-ce qu'un ou deux bureaux, annexés à cet effet au ministère de l'intérieur, ne pourraient pas s'acquitter aussi bien de cette besogne ? Leurs attributions, avec la décentralisation telle que nous l'avons formulée, se réduiraient, d'ailleurs, à centraliser tout simplement les résultats fournis par les pouvoirs locaux et transmis par l'intermédiaire des commissaires du gouvernement pour l'intérieur, et des consuls pour l'étranger.

Les établissements divers qui relèvent de ces départements, fermes modèles, haras, etc., peuvent, sans inconvénient, être laissés à l'initiative, sinon exclusivement privée, au moins locale, et l'on ne niera pas que les conseils cantonaux ou généraux soient plus aptes à s'occuper de ces questions de production agricole.

Reste, il est vrai, les question de douanes, de protection, etc., pour lesquelles les conseils des provinces pourraient ne pas être assez impartiaux. Mais je remarque qu'à la suite des traités de commerce conclus sous l'Empire, au moyen de documents émanés des consulats et du ministère du commerce, tous les intéressés ont fortement réclamé et se sont prétendus lésés ou traités à la légère ; qu'à la suite d'une longue et orageuse discussion, on en est arrivé à constituer une commission d'enquête chargée de statuer en dernier ressort. C'est donc qu'on n'était pas satisfait du travail des bureaux officiels, qu'on n'avait pas confiance dans leur compétence, et que, d'autre part, les vœux formulés par les conseils généraux ne semblaient pas non plus paroles d'Evangile. Une délégation de la Chambre des représentants fera-t-elle mieux ? Je n'ai pas à trancher la question. Je constate seulement, qu'en ces matières, l'opinion publique entend refuser toute initiative au pouvoir exécutif, et qu'ainsi j'ai légitimement conclu à la réduction d'importance d'un ministère qui ne peut avoir de vie propre et dont les fonctions se réduisent, je le répète, à centraliser des renseignements statistiques.

V

AFFAIRES ÉTRANGÈRES

Une République n'a que faire de ces grandes représentations à l'étranger qui nous ont coûté si cher et qui ont si peu produit. On peut donc s'attendre à de grandes réductions sur ce chapitre; j'ajoute qu'il est à présumer que la faveur ne présidera plus exclusivement au choix des fonctionnaires appelés à représenter la France à l'étranger. Ce mode presque unique de recrutement a eu, en effet, pour conséquence de doter le pays d'un service extérieur d'une médiocrité qui dépasse toutes les bornes. Je n'en veux, pour preuve, que l'inconséquence qui a présidé à la guerre actuelle.

La Prusse, à la suite des événements de 1866, s'est agrandie outre mesure; elle a inauguré ensuite des principes d'absorption militaire qui devaient, au moment donné, lui permettre de prendre, au centre de l'Europe, un rôle encore plus prépondérant. Il était certain, dès-lors, que la France pouvait ne plus être à même de se mesurer avec elle à forces égales, et il était non moins certain que la Prusse ne consentirait pas, de son plein gré, à s'amoindrir, pas plus qu'à permettre à la France de reconquérir la parité, par l'annexion de la Belgique, par exemple. C'est cependant à ce problème, aussi dangereux qu'insoluble, que nos diplomates ont usé leurs efforts. Le simple bon sens n'indiquait-il pas, comme nombre de plébiscites se sont efforcés de le prouver, que la solution ne pouvait se trouver que dans le groupement des intérêts lésés par les conquêtes passées et les aspirations ultérieures de la Prusse? N'était-il pas naturel, dès-lors, de se lier par des alliances communes, en vue du rétablissement de l'équilibre européen troublé par la prépondérance prussienne, avec la Russie menacée dans la possession de ses provinces baltiques et même polonaises; avec l'Autriche, exclue violemment de la Confédération allemande, menacée même dans son existence par des empiétements faciles à prévoir, avec l'Italie que la Prusse ira, un jour ou l'autre, troubler dans son expansion par la voie de la Bavière et du Tyrol qui la conduit à Trieste, et enfin avec le Danemark et la Hollande, non moins interessés que la France elle-même à modérer les convoitises prussiennes? Nos illustres diplomates, pas plus que leur glorieux chef, n'ont rien vu de tout cela; ils se sont drapés dans leur présomptueuse insolence, se sont laissés jouer par M. de Bismark, jusqu'à ce qu'éclate le cataclysme que l'on sait, cataclysme dans lequel ils ont eu même la maladresse d'endosser le rôle de provocateurs, alors que la France, avec l'Europe entière, du reste, était provoquée depuis cinq à six ans par l'ambition prussienne.

De plus, à ce moment, qu'ont-ils fait? Pendant que M. de Bismark ménageait, entre la Russie et l'Angleterre, des traités de neutralité où les intérêts propres de la Prusse étaient sauvegardés et les nôtres menacés au plus haut point, qu'il faisait échouer par des moyens à lui nos projets d'alliance avec l'Autriche et le Danemark, nos diplomates restaient dans l'indécision, dans l'ignorance même, aussi bien de ce qui se faisait que de ce qu'ils avaient à faire.

On voit que ce n'est pas sans raison que j'accuse l'initiative de notre diplomatie de Cour, et que je suis quelque peu fondé à conclure que le mot d'ordre à suivre désormais pour la composition de nos ambassades, c'est la capacité suppléant à la faveur; le mérite et l'aptitude, à la protection.

Au ministère des affaires étrangères se rattachent les consuls, bien que leurs fonctions — à part les consulats généraux — n'aient rien de diplomatique. Je pense, avec nombre d'esprits sensés, qu'il serait plus logique que ces agents soient tout simplement des agents privés et commerciaux, sans attache aucune avec la diplomatie autre que leur ***exequatur***. J'inclinerais même fortement à rendre leurs fonctions gratuites, en les confiant alors à des citoyens français établis à l'étranger, et mieux à même de juger sainement des faits, plus spécialement commerciaux, dont ils ont à s'occuper. En somme, l'Angleterre, l'Autriche, l'Amérique, etc., en agissent ainsi et s'en trouvent bien.

VI

TRAVAUX PUBLICS

On doit remarquer qu'il s'agit ici de services productifs et qu'il ne peut-être ainsi question de bien grandes suppressions. Ce département devrait avoir, suivant nous, son initiative propre, étudier les travaux à exécuter, au plus grand profit de tous, dans les communes et les cantons, dans chaque département ou sur l'ensemble du territoire, et adresser, en conséquence, des propositions à qui de droit. La prospérité de la République dépend en partie de la bonne gestion de ce ministère exclusivement composé d'hommes spéciaux, qui jouissent, en France et à l'étranger, d'une réputation méritée autant par leur savoir que par leur intégrité.

Je me bornerai donc à insister sur un principe général, à savoir qu'un Etat ne doit exécuter directement que les seuls travaux échappant à la compétence ou à l'activité de l'industrie privée, en laissant à celle-ci la plus large action ; on ne saurait trop répéter que notre gouvernement fait trop de choses. Pour tous les travaux qui intéressent plus spécialement les administrations locales, il est indubitable pour nous que l'Etat ne doit intervenir qu'avec la plus extrême réserve et limiter son action au strict nécessaire. Il faut habituer le pays à faire lui-même ses affaires.

Pour rentrer dans le principe de décentralisation qui préside à ce travail, je proposerai par canton un agent-voyer à la charge des communes, proportionnellement à l'importance des travaux exécutés dans chacune d'elles. Un ingénieur en chef restera attaché à chaque département, secondé par deux ou trois ingénieurs ordinaires et un nombre suffisant de conducteurs, les uns et les autres payés sur les fonds départementaux, tout en restant sous les ordres du ministre des travaux publics.

Je le répète, c'est à ce service qu'il appartiendrait de faire directement les propositions motivées pour la création ou l'amélioration des voies de grande et de petite communication, soit aux conseils départementaux, soit aux conseils cantonaux et communaux, suivant le cas. Je n'admets le recours au ministère qu'autant qu'il s'agirait de voies intéressant plusieurs départements, dans les cas où les ressources locales exigeraient l'appui du budget général pour cause d'insuffisance, et enfin si les travaux à exécuter atteignaient une importance exceptionnelle motivant l'intervention du conseil des Ponts-et-Chaussées.

Je crois que ces indications n'apportent qu'une modification insensible à l'état de choses actuel, et qu'il n'en résulte guère que la suppression des agents-voyers en chef qui me paraissent faire double emploi : l'ingénieur en chef suffit certainement à la centralisation départementale, aussi bien comme garantie de projet d'exécution que comme garantie d'initiative.

Je note qu'il s'agit ici de travaux essentiellement productifs et, sans aucun doute, les contribuables feront plus volontiers les fonds nécessaires à l'exécution des travaux de voirie jugés utiles, qu'ils ne peuvent le faire maintenant avec l'organisation centralisée au siége du Gouvernement, et dont les agissements et le contrôle échappent à leur appréciation. En principe, les contribuables doivent toujours être mis à même de juger exactement de l'emploi de leur argent, et de l'utilité, comme de l'opportunité, de cet emploi ; il appartient à un régime républicain d'inaugurer l'application de ce principe essentiellement honnête, et auquel la décentralisation est seule de nature à se prêter.

VII

JUSTICE

La justice est rendue en France par les juges de paix, au premier degré ; par les tribunaux de première instance, au deuxième ; par les cours d'appel, au troisième ; et enfin, en dernier ressort, par la Cour de cassation, chambres isolées ou réunies. Les juges aux divers degrés sont inamovibles, mais cette garantie est à peu près illusoire, puisque leur avancement dépend du pouvoir exécutif. En tant que simples soldats, ils sont indépendants ; mais il cessent de l'être dès l'instant où ils ont l'ambition de devenir caporaux, et à plus forte raison, officiers. Au fond, ce sont de simples employés sous la dépendance et à la complète discrétion du pouvoir.

Le caractère des juges de paix se résume dans un arbitrage entre les parties, et cela est si bien dans l'esprit de la loi, que le premier venu peut en remplir les fonctions, du consentement des parties en désaccord.

N'est-il pas logique, dès-lors, de conclure que le juge de paix doit être, sous certaines conditions de capacité, choisi par l'élection libre des citoyens intéressés ? Les juges de paix doivent donc être absolument soustraits à l'action du pouvoir et leur nomination ne dépendre que des cantons. J'ajoute que je ne verrais nul inconvénient à étendre leurs attributions, presque sans limites de chiffres ou de compétence, comme cela a lieu en Angleterre, et même en Russie. J'étonne sans doute mon lecteur ! Eh bien! en Russie, le juge de paix peut recevoir à sa barre tout appelant, fût-ce contre un fonctionnaire, voire même un ministre, jusqu'à concurrence obligatoire de 2000 fr., et sans limite de chiffres, si le demandeur et le défendeur y consentent. La justice de paix est, par essence, la justice républicaine ; elle est par excellence sans lenteurs et sans grands frais. Je conclus ainsi à l'élection du juge de paix par chaque canton, sans intervention aucune de l'autorité, autre que la vérification de ses titres à l'élection ; je conclus à l'extension, de leurs attributions, aussi bien comme compétence que comme chiffre d'affaires.

Chaque arrondissement est doté d'un tribunal de première instance. Chacun sait que nombre de juges de première instance ont peu à faire, et auraient encore moins de besogne après l'extension des attributions des justices de paix cantonales, surtout si dans chaque arrondissement, centre d'affaires commerciales un peu important, on conserve ou on institue un tribunal de commerce et une cour de prud'hommes pour les litiges commerciaux et industriels. On peut ainsi supprimer au moins les trois-quarts de ces charges qui seraient des sinécures si les juges, qui les occupent, gagnaient de quoi vivre. Ce n'est pas leurs 1200 à 1500 fr. de traitement qui peuvent le leur permettre, et si une chose peut étonner, c'est qu'à ce prix on trouve des juges, et des juges instruits. Il faut que la manie du fonctionnarisme, en France, soit à l'état de maladie chronique, pour en permettre le recrutement.

Les traitements des juges de première instance doivent être au moins doublés, sauf à tripler ou quadrupler leur besogne. Je ne serais pas éloigné, eu égard à la facilité actuelle des communications, de proposer de reporter, au chef-lieu du département, le siége du tribunal de première instance. Avec l'extension des attributions des juges de paix, des tribunaux de commerce et des conseils de prud'hommes, cela paraît suffisant, réserves faites pour quelques sous-préfectures qui sont de grands centres et qui devraient conserver leurs tribunaux actuels.

Il est bien prouvé que les cours d'appel sont à réduire de plus de moitié. Je renvoie, à une proposition faite par M. Jules Simon à la dernière chambre des Députés, ceux qui conserveraient des doutes à cet égard.

Quant à la cour de cassation, elle ne rend pas de jugements ; elle révise les jugements des cours d'appel et interprête la loi dont elle fixe le sens.

Je me suis demandé souvent s'il ne suffisait pas pour cela de s'en remettre à l'opinion des professeurs de droit, corroborée par la jurisprudence des tribunaux d'appel, et s'il est bien nécessaire de conserver ces hautes positions plus particulièrement utiles à leurs titulaires.

Si les professeurs légistes ne paraissent pas suffisamment compétents, c'est que la loi n'est pas toujours assez claire. Dans ce cas, le texte en est mauvais; et la logique commande de renvoyer la loi à la section du Conseil d'Etat d'où elle ressort, et au besoin à la chambre législative ; ce renvoi pourrait avoir lieu sur un appel au ministre de la justice.

Je livre au lecteur ces idées pour ce qu'elles valent ; qu'il les pèse dans sa sagesse en tenant compte de l'opinion qui me les dicte, opinion qui se résume dans les simplifications des formes de la procédure, dans le désir d'en voir réduire les frais, d'en accélerer la marche et principalement d'économiser sur le budget par la réduction du nombre des charges.

Je me suis prononcé pour l'élection libre des juges de paix. Je reconnais qu'il est difficile d'appliquer le même principe aux autres tribunaux.

Le juge de paix agissant comme arbitre dans la plupart des cas, doit être connu de ses justiciables et vivre au milieu d'eux. Il est, en matière civile, ce que sont les tribunaux de prud'hommes, en matière industrielle. Il ne me paraît guère possible de consulter tout un département pour l'élection d'un juge de première instance ou d'appel. Je conclurais donc à en laisser le choix et la responsabilité au ministre de la justice, avec cette restriction, que les juges de première instance nommeront leurs présidents, et que nul ne pourra faire partie d'une cour d'appel sans avoir exercé la présidence, à l'élection, d'un tribunal de première instance. Une cour d'appel, une fois constituée, se recruterait ensuite elle-même sans intervention aucune du pouvoir. Les présidents des cours d'appel, aussi nommés par leurs pairs, devraient former la cour de cassation, indépendante également du ministère de la justice. Il me semble que l'inamovibilité, ajoutée à ces garanties, suffit à l'indépendance du pouvoir judiciaire et qu'il cesse ainsi d'être une annexe de l'administration, sous la dépendance et à la discrétion du pouvoir exécutif. Suivant une expression célèbre, il rendrait des arrêts et jamais des services.

La constitution du pouvoir judiciaire se complète par le ministère public, ce qu'on nomme le parquet, c'est-à-dire les procureurs, leurs substituts et les juges d'instruction, représentants à la fois du pouvoir exécutif et de la société, et chargés d'agir d'office, en leur lieu et place, aussi bien vis-à-vis des tribunaux, dont les premiers sont le contrôle, que vis-à-vis des prévenus à déférer à la justice. Le contrôle des tribunaux n'a rien de bien important ; il ne s'agit, d'ailleurs, que de provoquer le concours d'un tribunal supérieur, jugeant en connaissance de cause et avec impartialité, s'il jouit d'une indépendance suffisante. Il n'en est pas de même des poursuites de crimes et délits, d'office et sans contrôle. L'Angleterre, l'Amérique se passent de cette faculté laissée en France au parquet, et elles s'en trouvent bien. Je sais qu'on a signalé, sous ce rapport, plus d'un abus; que des crimes, des délits restent quelquefois impunis, soit parce que l'action civile ne se produit pas ou qu'elle est empêchée de s'exercer par des compromis blâmables. Mais, en somme, il ne s'agit pas d'être plus royaliste que le roi et d'imposer des arrêts à qui ne réclame pas de répression. Si la justice pure peut y perdre, la liberté individuelle y gagne, et nombre de personnes trouveront sans doute que l'un vaut bien l'autre.

Sans trop m'appesantir sur cette observation, j'émets toutefois le vœu que, si le parquet continue, comme par le passé, à être nommé directement par le pouvoir exécutif et à rester sous sa dépendance, il perde quelque peu de son caractère d'acusateur public et prenne un rôle un peu moins agressif qu'il n'est accoutumé. En principe, tout prévenu est présumé innocent, et dangereuse est la tendance à le préjuger toujours coupable.

En tous cas, j'entends réserver la liberté provisoire des accusés, sous caution et même en matière criminelle, s'il ne se rencontre pas la preuve du flagrant délit ou le concours de circonstances excessivement probantes; autrement, je conclûrais, en cas d'erreur du parquet, à une indemnité au profit de l'innocent à qui la société cause souvent un tort profond, matériel ou moral, et un tort le plus ordinairement irremédiable, par le fait d'une arrestation illégale.

Enfin, l'on ne s'étonnera pas que je demande instamment la révision de notre code de procédure et la réforme du personnel qui s'y rattache, huissiers, avoués et même avocats. Il résulte, de ces rouages, des lenteurs et surtout des frais hors de toute proportion, la plupart du temps, avec l'importance des litiges en cause. En somme la modification la plus importante serait le retrait du privilége de toutes ces charges qui, sous le fallacieux prétexte d'être une protection pour le plaideur, acquièrent un rôle qui est précisément la négation de leur raison d'être. En tout cas, chaque plaignant devrait avoir pleine latitude d'agir en toute indépendance et de suivre ses affaires à ses risques et périls, sans obligations de recourir à un concours onéreux et souvent inutile.

Quant aux imputations budgétaires, il va de soi que les juges de paix devraient être payés par les cantons, les tribunaux de première instance par les départements ou les arrondissements, les tribunaux supérieurs, de même que le ministère public, restant à la charge du budget général.

VIII

CULTES

En abordant la question du ministère des cultes, je touche à une situation, à un ordre d'idées tellement délicats, que je me sens pris d'hésitation, d'autant qu'il ne peut s'agir ici ni d'une question de réduction de personnel, ni même d'une question de budget. Je vais, bon gré malgré, me heurter à des points contradictoires : la liberté, qui est ma loi absolue, et la contrainte ou au moins les restrictions que je serai tenté d'apporter à la liberté des ministres des religions.

Je me fais donc une violence extrême en exposant des opinions qui, sans nul doute, rencontreront, dans tous les partis, des contradicteurs.

Il a été grandement question, dans ces derniers temps, de la séparation absolue de l'Eglise et de l'Etat ; mais cette séparation implique, je suppose, la liberté absolue des deux parties, partant la liberté complète du clergé : je dirai tout à l'heure pourquoi je ne suis pas disposé à la lui accorder. Je me prononce donc, pour le moment, contre cette séparation ; tout au moins je la considère comme peu opportune, et je pose en principe que le budget des cultes doit être maintenu, autant pour conserver une action directe sur les agissements du clergé, que dans l'intérêt de ses membres inférieurs.

Les véritables richesses du clergé ne viennent pas de la part assez maigre qui lui est octroyée sur le budget, mais bien des contributions plus ou moins directes qu'il est à même de prélever sur ses ouailles. Ce n'est certainement pas avec ses traitements qu'il pourrait subvenir à toutes les charges qui pèsent sur lui, du fait d'institutions de toute nature créées par son intermédiaire ou son influence. Il est vrai qu'il est fortement secondé dans cette voie par le clergé irrégulier, sur le rôle duquel je me propose de revenir.

Le surnaturel a beaucoup perdu dans notre siècle de libre examen par excellence : le prêtre ne peut donc plus remplir un rôle aussi prépondérant que par le passé, mais il représente toujours un principe moral supérieur à toutes discussions, et ainsi sa place reste marquée et nécessaire dans la société. Je prie les libres-penseurs de tenir compte des besoins de la grande majorité : dans leur zèle doctrinaire, ils s'exposent, en mettant de côté le clergé et en se désintéressant de son action, à négliger une grande force sociale, née du besoin du surnaturel auquel elle répond, besoin qui, dans l'état actuel de notre civilisation, est commun au plus grand nombre et dont les charges doivent, par conséquent, incomber à tous les membres du corps social, au même titre que tous les autres besoins de la grande majorité dont la satisfaction implique nécessité d'association. Prétendrait-on qu'un juif, par exemple, à qui l'on impose une part de subvention au culte catholique, n'est pas intéressé à la moralité des masses résultant de l'action du clergé; et d'ailleurs, avec un budget commun à tous les cultes, n'y a-t-il pas réciprocité? Je n'entends nullement engager une discussion sur les croyances, ni établir de comparaison entre les doctrines catholiques ou autres semblables, et d'autres doctrines qui prétendent agir sur la morale publique, sans l'intermédiaire d'un culte extérieur. Je constaterai seulement que les premières, qui s'adressent au sentiment et à l'imagination, sont d'une vulgarisation et d'une action beaucoup plus certaines sur le peuple, que les secondes qui ne relèvent que de la raison pure.

Les clergés des diverses religions auront donc, pendant longtemps encore, si ce n'est toujours, une raison d'être hors de discussion; ils s'imposent comme fonctionnaires de l'ordre moral et, à ce titre, doivent être payés convenablement. La part que je leur réserve, sur le budget, s'applique aux prêtres ou pasteurs desservants les communes, aux évêques, archevêques, rabbins, grands rabbins, etc.

Si le lecteur veut bien se rappeler les observations précédentes, sur l'établissement et la perception de l'impôt, il comprendra que j'entends imputer à la commune le traitement de son desservant, au département celui de son évêque et de tous les services qui s'y rattachent, de même que j'impute au canton le traitement de son juge de paix et au département celui des tribunaux de première instance; chacun, commune, canton ou département, ayant à en fixer le nombre suivant les besoins de sa population. Qu'on ne s'y trompe pas, c'est là une fière restriction à l'octroi d'un budget des cultes, et le moyen, en même temps, d'arriver, sans troubles, à la séparation de l'Eglise et de l'Etat. Si cette idée n'est pas une utopie, j'en abandonne la solution directement aux intéressés.

Les archevêchés, comme les cours d'appel, représentent des intérêts communs à plusieurs départements; j'imputerais donc ces services à la charge du budget général.

Je terminerai par quelques observations sur le clergé irrégulier. Celui-là ne réclame rien du budget, il ne veut que la liberté complète, même le droit à ces contributions qu'il sait si bien se faire attribuer, sans reculer devant ces scandales dont nous avons eu tant d'exemples, sans se gêner pour tourner les contraintes légales que notre société a tenté en vain d'opposer à ses convoitises. Je veux bien admettre que ces accaparements des biens terrestres ont pour but, le plus souvent, la création d'institutions utiles; je ne nie pas les services rendus, mais j'ai peur, je l'avoue, de l'action occulte qui préside à ces prétendus services ; je me défie, peut-être outre mesures, de l'esprit exclusif des sectes religieuses; je repousse énergiquement ces créations d'États dans l'État dont la direction, les tendances et les résultats portent atteinte à la liberté des autres par la puissance relative à laquelle elles arrivent trop rapidement. En un mot, je voudrais bien les respecter comme de libres créations de l'activité privée, mais l'expérience ne permet pas de douter qu'elles ne deviennent bientôt une contrainte et même un danger pour la société.

Or, la liberté de chacun a pour limite absolue la liberté d'autrui. C'est en m'appuyant sur ces principes que je n'hésiterais guère à me prononcer contre l'existence de toute congrégation religieuse.

En résumé, les services qu'elles rendent à la société ont pour principe les impôts prélevés, plus ou moins légalement, plus ou moins librement, sur la société elle-même. La société est donc en mesure de faire le bien elle-même sans ces intermédiaires, suspects de tendances dominatrices; il ne m'est pas prouvé que ces rouages soient précisément économiques.

Je leur reproche, en outre, d'agir par le principe de l'aumône et je prétends demander à l'impôt les mêmes moyens de faire le bien, sans accaparement, sans esprit de secte, sans distinction de croyances, sans abus de surnaturel, mais tout simplement par le principe de la solidarité humaine et de la fraternité républicaine. J'ajoute que si l'on doute de l'efficacité de ces principes, c'est pour moi une raison de plus d'en poursuivre l'application et de les faire entrer, avec le temps, dans les mœurs publiques.

Je sais bien que l'on va m'objecter qu'il est souverainement antilibéral de vouloir empêcher de faire le bien, de la manière et par l'intermédiaire de qui on l'entend. Outre que je prétends que cet argument est rétorqué déjà par les considérations précédentes, je le regarde un peu comme un sophisme qui n'a que trop duré. Il faut juger des œuvres par leurs fruits : ceux que nous ont légué les siècles pour l'exercice de ce droit de charité ne sont pas précisément désirables pour l'élévation de la dignité humaine. La charité est sans doute méritoire en elle-même, mais elle est nuisible à la responsabilité et surtout à l'activité sociale, et si l'on doit applaudir celui qui donne de toute main et à qui demande, il n'en est pas moins vrai que les résultats en sont rarement à l'abri de la critique.

Donc, plus d'institutions dites pieuses, plus de congrégations ou d'ordres religieux alimentés par la charité. Ce sont autant d'impiétements sur les devoirs de la société toute entière, autant de manières de poser en bienfaiteurs de simples intermédiaires qui ne tardent pas à s'ériger en protecteurs du pouvoir social, dont ils ne doivent être, comme tout le monde, que les serviteurs. Est-il besoin de recourir à la charité pour couvrir les besoins de ces femmes dévouées au service des hôpitaux ? Quel département hésitera à voter les fonds nécessaires à cet effet ?

Je n'admets pas qu'en République il faille des moyens détournés, non avoués, pour satisfaire un besoin social reconnu. Si ce besoin est réel, c'est à la société à y satisfaire; c'est pour elle un devoir qu'elle n'a le droit de céder à qui que ce soit; c'est de la société même que tout doit émaner, puisque c'est à elle que tout revient.

A des opinions aussi nettement formulées, je sens bien qu'on peut opposer plus d'une objection. Quand j'interdis les congrégations religieuses, j'attente, je le reconnais, à la liberté d'un certain ordre de citoyens, avec cette circonstance aggravante même que j'agis préventivement en vue de dangers éventuels. Mais qu'on veuille bien remarquer que la constitution des congrégations sépare quelque peu leurs affiliés de la société au milieu de laquelle ils vivent, j'allais dire qu'ils exploitent; que n'ayant pas les mêmes devoirs, ils ne peuvent réclamer les mêmes droits. On m'objectera que je suis ici moins libéral que l'Amérique; mais cette liberté des congrégations qui existe dans le nouveau monde n'a, d'abord, qu'une portée très-limitée, car la religion catholique y est en minorité, et ensuite elle a un corrélatif puissant dans la liberté entière des autres croyances.

Cette entière liberté, nous ne l'avons pas, quoiqu'on en pense, et il est de l'essence du catholicisme de nous la refuser hautement. Il ne serait certainement pas possible, sans provoquer de la part du clergé, du haut de ses tribunes, des prédications violentes, de nature à menacer l'ordre public, il ne serait pas possible, dis-je, d'élever autel contre autel, d'ériger par exemple au moyen d'une subvention d'Etat, moins que cela même, au moyen d'une souscription publique ou de dons privés, une école franchement matérialiste, c'est-à-dire n'admettant de vérités que celles révélées par l'expérience et sanctionnées par la raison humaine; on courrait quelque peu le risque d'être traité, au degré près, comme les missionnaires en Chine. J'admets parfaitement la liberté des convictions et leur propagande active, mais je crois qu'il faut la laisser agir individuellement, puisque ce n'est qu'ainsi qu'elle peut être commune jusqu'à nouvel ordre. La liberté a pour corrélatif l'égalité et celle-ci se trouverait violemment menacée par l'octroi, à la puissance catholique, de droits dont les autres croyances ne peuvent pas user au même degré : la liberté dans ces conditions serait celle des élections sous le régime déchu.

J'aurai occasion de revenir encore sur cette question, en traitant de l'instruction publique, cette branche de l'activité nationale particulièrement convoitée par les congrégations religieuses.

IX

INSTRUCTION PUBLIQUE

L'homme est un composé de facultés physiques et de facultés intellectuelles ; c'est par le libre et complet développement de ces deux ordres de facultés qu'il acquiert toute sa personnalité. De même que la société fait une loi au père de famille de nourrir et d'élever ses enfants, c'est-à-dire d'aider, dans la limite de ses moyens, à leur développement physique, de même elle a le droit de veiller à ce qu'il leur donne, au moins au degré reconnu indispensable, le développement intellectuel compatible avec le milieu social dans lequel ils doivent vivre. De même que la société se reconnait le devoir d'aider le père de famille dans le premier cas, s'il ne peut suffire à sa tâche, de même elle doit le faire dans le second. En dehors même de toute considération de solidarité, ou de charité si l'on veut, il lui importe, en effet, que tous ses membres soient sains de corps et d'esprit, à même de pourvoir à leurs besoins et aptes à contribuer, de toute l'activité de facultés en plein développement, à l'accroissement du bien-être général. Je conclus ainsi à l'instruction obligatoire, et comme, en général, l'enfant ne peut la recevoir dans la famille et qu'il faut à cet effet des institutions spéciales, j'en infère que ces institutions doivent être à la charge de la société, c'est-à-dire payées par le budget général, et gratuites ainsi pour les intéressés. Il n'est pas indifférent, d'ailleurs, pour le principe d'égalité qui doit caractériser les mœurs républicaines, que les citoyens, dès leur enfance, aient été soumis à un régime absolument commun, sans distinction aucune de classes sociales. A ce point de vue, l'école primaire, obligatoire et gratuite pour tous, est une bonne institution républicaine.

En somme, pour atteindre ce résultat, la République a peu à faire. La grande partie des communes est pourvue d'une école et d'un instituteur; une loi récente a imposé l'obligation d'avoir une institutrice à toutes les communes au dessus de 600 âmes. L'obstacle à ce que, sous les régimes précédents, ces institutions aient acquis rapidement tout leur développement, venait presque exclusivement du peu de ressources des communes dont toutes les impositions s'en allaient dans les caisses de l'Etat. Telle commune, qui payait et qui paye encore 25 ou 30 mille francs d'impôts, était supposée dénuée de ressources pour fonder des écoles et entretenir convenablement un instituteur ou une institutrice. Cet abus a fait son temps.

Avec le système d'impôts tel que j'ai essayé de l'analyser au chapitre des finances, j'entends laisser à la commune la part d'impôts nécessaire aux charges collectives qu'elle doit supporter, et ainsi tombe l'argument éternellement mis en avant pour reculer une solution désirable à tous les points de vue.

Pour être logique, je devrais étendre aux établissements d'instruction secondaire et supérieure, le même principe d'obligation et de gratuité. J'avoue que je serais tenté de le faire si je savais la société assez riche pour en supporter les frais. Mais de même que, dans l'ordre physique, on ne pourrait l'obliger à faire vivre d'une vie de luxe tous ses membres, de même, dans l'ordre intellectuel, on ne peut lui imposer de faire des docteurs de tous les élèves des écoles primaires. Il faut attendre pour cela que la production se soit considérablement accrue; dans l'état actuel, nous devons nous borner au nécessaire, qui se résume dans le développement physique et intellectuel indispensable à la vie sociale. La moyenne des frais qu'occasionne un simple bachelier représente au minimum une vingtaine de mille francs : c'est ainsi un objet de luxe dont il faut abandonner la production à l'initiative individuelle, sans lui en imposer l'obligation, mais aussi sans gratuité, c'est-à-dire sans subvention sociale autre que le strict nécessaire pour favoriser la création d'établissements secondaires. Il me semble que toute création de luxe qui n'intéresse pas directement tous les citoyens devrait être exclusivement à la charge des riches, de ceux qui sont plus particulièrement appelés à en jouir. A ce point de vue, le budget de l'instruction secondaire et supérieure pourrait être établi par une cote additionnelle au rôle des citoyens les plus aisés, qui seuls sont appelés, en général, à profiter pour leurs enfants de l'instruction à ces degrés.

Sans m'appesantir, d'ailleurs, sur ce point, qui ne comporte guère un blâme absolu que lorsqu'il s'agit, par exemple, de subvention au Grand-Opéra ou autres créations de même nature, je conclus par la création obligatoire, dans chaque commune, d'une école gratuite de garçons et d'une école de filles, également gratuite, les frais en étant pris sur le budget de la commune. Il me paraît désirable que les communes importantes, les cantons en tout état de cause, y ajoutent une école professionnelle, partie à la charge de la commune, siége du canton, partie à la charge des autres communes qui en dépendent et qui peuvent plus ou moins en profiter. Ce sera au conseil municipal à s'entendre à cet égard avec le conseil cantonal. Les villes actuellement chefs-lieux d'arrondissement ont, pour la plupart, au moins une école secondaire à l'état rudimentaire. Nul doute, quand elles disposeront d'une part du budget pour les besoins locaux, qu'elles n'en profitent pour faire prospérer ces établissements qui ne sont pas moins indispensables pour être réservés à des citoyens privilégiés. Enfin, chaque département aura bien le moyen d'avoir son lycée, subventionné, si besoin est, par les fonds départementaux votés à cet effet par le conseil général, en addition à ceux votés par le conseil municipal chargé de la gestion des intérêts de la ville, etc. Il en sera de même d'une école normale primaire, indispensable au recrutement des instituteurs.

On le voit, l'État jusqu'ici n'intervient pas dans la question. Toutefois, de même que nous avons mis à la charge du budget général l'entretien des tribunaux d'appel, des archevêchés, etc., de même nous mettons à sa charge l'entretien de l'école normale secondaire pour le recrutement des professeurs des colléges et des lycées, celui des diverses facultés, du Collége de France et autres établissements appelés à vulgariser la science, et à poursuivre son application à la production générale et au développement des facultés de l'esprit humain. La part du budget affectée à cet emploi ne sera l'objet d'aucun regret, d'autant qu'on sait combien cette part est relativement réduite. J'entends, d'ailleurs, que l'instruction puisée dans ces établissements de l'État soit retribuée par ceux qui en profitent, comme la raison en ressort des considérations précédentes sur la légalité de l'impôt. Qu'on remarque bien que je ne porte pas atteinte aux faveurs accordées à ce sujet par les départements ou l'État, en récompenses de services rendus. Je n'entends poser que la question de principe, sans en discuter les détails, entièrement laissés à l'appréciation des conseils compétents.

J'espère que l'on ne s'étonnera pas que, sous certaines réserves d'initiative à laisser aux autorités locales, la direction de l'enseignement à tous les degrés soit confiée au ministre, aidé du conseil supérieur de l'instruction publique et secondé par le personnel actuel des rectorats et de l'inspection. Il nous faut veiller à l'unité de l'enseignement, et je ne vois pas pourquoi le Conseil supérieur ne serait pas nommé par la Chambre, afin que l'esprit qui présidera à cet enseignement soit en tout conforme à l'esprit de notre société civile.

Je ne songe guère à faire des réductions sur ce chapitre ; l'enseignement ne figure, en effet, dans nos monstrueux budgets que pour des chiffres notoirement insuffisants, et depuis l'instituteur primaire jusqu'aux illustres maîtres qui président à l'enseignement dans nos facultés de divers ordres, on peut dire que leur vie est toute de dévouement et de sacrifices. Si j'ai un vœu à formuler, c'est de voir doubler leurs maigres allocations, qui ne sont en rapport ni avec leur mission, ni avec le travail qui leur est imposé, travail qui exige un si pénible noviciat. J'espère que l'initiative laissée aux autorités locales leur sera plus bienveillante que notre administration centralisée.

On m'objectera sans doute que je suis quelque peu positiviste, que j'attache trop d'importance, en ces matières, à la question d'argent ; que si les maîtres et professeurs, à tous les degrés, se montrent dévoués à leurs fonctions, leur abnégation obéit à un tout autre mobile. Je le reconnais à leur éloge, mais cela ne me paraît pas une raison, pour une société riche, d'exploiter à son profit de nobles instincts ; c'est là un calcul égoïste, car toute peine, tout travail doit trouver un salaire correspondant. Il me paraîtrait assez singulier qu'on applaudisse aux millions gagnés par tant de médiocrités, dans d'autres branches du travail national, et qu'on regarde à quelques centaines de mille francs pour rétribuer un service important et indispensable, d'où dépend la prospérité et la civilisation des générations appelées à nous succéder.

Je conclus donc à ce que tous les membres de l'enseignement soient convenablement rétribués et surtout indépendants de toute influence politique. J'insiste particulièrement pour les instituteurs primaires dont j'ai eu plus spécialement la mission en vue dans ce chapitre. Il faut faire cesser cette action occulte, cette pression administrative, cette dépendance du pouvoir politique qui n'a cessé de peser sur eux pendant le règne de l'Empire. Ils ne doivent dépendre que de leurs supérieurs hiérachiques, aussi bien pour leur nomination que pour leur avancement.

Je termine par une question destinée à soulever plus d'une contradiction, mais que je ne puis cependant passer sous silence. Convient-il de rendre l'enseignement entièrement laïque, ou peut-on continuer à utiliser pour les écoles primaires les frères des écoles chrétiennes et les sœurs de divers ordres voués à l'enseignement? C'est là une question très-grave dans l'application, quoique, en principe, elle me paraisse assez facile à résoudre, au moins pour les frères. Je demande, en effet, en quoi ces jeunes gens, débarrassés du costume hétéroclite qui les recouvre, de la contrainte morale qui pèse sur eux, de leur vie en commun qui me semble bien exiger, pour nombre de raisons, certaines modifications, pourvus au besoin d'une instruction plus solide, je demande, dis-je, en quoi ils seraient ainsi inférieurs à ce qu'ils sont maintenant ?

Je proteste contre ces tendances de congrégations qui, en somme, n'ont aucun caractère religieux, à vouloir se séparer de la société civile; je proteste contre ces établissements cléricaux fondés par l'aumône, au moyen d'impôts détournés, alors qu'il ne s'agit que de l'accomplissement d'une mission sociale qui incombe incontestablement à la charge de la société; c'est elle, d'ailleurs, qui, finalement, en fait les frais. Je proteste donc contre les intermédiaires intéressés qu'elle emploie, tout simplement par nonchalance ou par égoïsme. Je n'ai pas autant de raisons de condamner l'enseignement par des religieuses; néanmoins, je lui préfère de beaucoup l'enseignement par des laïques.

Les enfants doivent être, en effet, élevés pour la société telle qu'elle est. A nous de l'améliorer et de la moraliser autant que possible, mais nous ne devons pas permettre que nos enfants soient élevés dans des idées ou des principes qui sont la condamnation des nôtres, c'est-à-dire de ceux de notre société civile. Il y a là une anomalie déplorable, et ce n'est pas dans ces conditions d'indécision morale qu'on peut espérer obtenir des générations vivaces ayant des opinions propres, un caractère à elles.

La République doit donc porter une attention sévère sur cet état de choses, sans se laisser arrêter par l'argument éternellement invoqué que l'exclusion des clercs de l'enseignement constitue une violation de la liberté de conscience. Ce n'est là qu'un sophisme, car l'instruction, la science sont absolument indépendantes des religions. De ce que les écoles seront laïques, il ne s'ensuit aucunement que le clergé ne pourra remplir son rôle. Nos colléges n'ont-ils pas leurs aumôniers ? La plus humble école n'a-t-elle pas, à proximité, une église où le prêtre pourra pourvoir à l'éducation religieuse des enfants, au gré de la conscience de leurs parents? A nous fervents disciples de la liberté, n'est-il pas insensé de nous prêter la seule idée de violenter, en quoi que ce soit, la première d'entre les libertés, la liberté de conscience?

Je termine en ajoutant que ce n'est pas, quand tous nos philanthropes s'élèvent contre les armées permanentes, à cause du célibat qu'elles imposent temporairement à l'élite de chaque génération, qu'il peut être opportun d'encourager ces congrégations de célibataires des deux sexes. Il ne faut pas perdre de vue que la population de la France est bien près de décroître et que cette décroissance constitue le caractère le plus incontesté de la décadence d'une race; à nous d'aviser.

X

GUERRE

Un philosophe, célèbre autant par la puissance de sa dialectique et l'éclat de son style, que par l'étrangeté des sophismes dont il s'est fait le vulgarisateur, Proudhon, a écrit sur le droit de la force, c'est-à-dire la légitimité de la guerre, tout un volume dont les données semblent emprunter au domaine historique un caractère irréfutable. Suivant cette théorie, une nation est inférieure à une autre, et serait fatalement condamnée à lui céder son rôle civilisateur, dès l'instant où celle-ci domine celle-là, du droit de la force. Je ne nie pas le développement historique de cette loi, non plus que la civilisation croissante qu'on peut, à la rigueur, prêter à son action ; seulement, ce principe n'est pas toute la vérité, car il en résulterait qu'une race, qu'un peuple ne peuvent avoir de défaillance passagère sans tomber aussitôt en pleine décadence, si une autre race saisit le moment favorable pour pousser la première dans l'abîme. La théorie de Proudhon est donc, comme toutes celles dues à la plume de cet écrivain, incomplètement vraie, et ses conclusions, par conséquent, insuffisantes, si non fausses. Il n'y a pas, en effet, de dialectique qui puisse faire admettre que la force soit le droit, que l'iniquité, au point de vue de l'individu, puisse devenir la justice quand on envisage un peuple. La force primant le droit est un fait ordinaire, mais ce ne sera jamais un fait de conscience, accepté sans conteste par la pure morale.

La guerre ne repose donc pas sur un principe, dont il faille respecter les développements. Et de même que, dans une société normale, le droit à la répression de la violence est une attribution collective soustraite à l'individu lésé, et remise en des mains désintéressées et plus impartiales, de même, dans une collection d'Etats comme l'Europe, il devrait être institué un tribunal pour juger des revendications qui peuvent surgir entre États, de manière à prévenir les duels à outrance, comme celui auquel nous assistons, et qui n'en est malheureusement qu'à son premier acte. Les effets de cette lutte gigantesque et monstrueuse se répercuteront sur plusieurs générations, quel que soit le dénouement qui se produise. D'autre part, l'arbitrage de l'Europe continuera à ne pas peser d'un grand poids dans la balance, et les arrêts de sa diplomatie n'auront pas de longtemps une sanction efficace.

Il est donc fort à craindre que toutes les réflexions philosophiques sur la matière ne restent lettre morte, que les peuples ne continuent à vivre en état d'hostilité plus ou moins latente, et ne passent de temps à autre à l'état de guerre, si l'on ne trouve un palliatif d'une action plus certaine. Ce palliatif ne se rencontre-t-il pas dans la constitution de l'armée, qui se prêterait le plus difficilement à l'attaque, tout en conservant le mieux son effet pour une défense énergique ? Les influences guerrières que nous avons signalées seraient ainsi quelque peu amoindries, leur action tempérée à la fois par le temps nécessaire aux préparatifs, le respect de l'adversaire, les représentations des neutres, l'action de l'opinion publique.

C'est à ce point de vue que, pendant nombre d'années, j'ai soutenu qu'au degré actuel de la civilisation de l'Europe, le rôle des armées devait être purement défensif, c'est-à-dire que les armées permanentes n'avaient aucune espèce de raison d'être. Elles me semblaient, en effet, exclusivement un moyen de conquêtes à la disposition des princes, et toujours au détriment de leurs peuples, la cause efficiente des tentatives de violence, du fait d'ambitieux prêts à exploiter, à leur profit, les plus mauvaises passions de l'humanité, à dominer leurs concitoyens du chef exclusif de la force brutale; en un mot, l'obstacle principal au développement de la civilisation, caractérisé par l'empire de la raison et de l'intérêt commun. Je ne croyais pas qu'il fût possible qu'une nation comme l'Allemagne, sous l'impulsion d'un pays féodal comme la Prusse, pût se lever en masse dans un esprit de conquête violente et de déprédations, qui ne le cède en rien à tout ce que l'histoire des plus mauvais jours du moyen-âge a légué aux générations modernes. C'est à faire croire que la civilisation de l'humanité n'est qu'apparente et que l'homme revient à son état primitif de barbarie, dès que ses instincts sont quelque peu surexcités par la lutte et le spectacle sanglant des champs de bataille.

Si donc il est possible que la France, pour elle-même, puisse se passer d'armée, on ne peut admettre qu'il en soit ainsi en regard des nationalités qui sont en contact avec elle.

Toutes ne sont pas arrivées au même degré de civilisation ; quelques-unes en sont encore à leur période d'organisation ou de conquêtes, sont plus ou moins soumises à des gouvernements autoritaires tentés de prendre leurs aspirations personnelles pour les tendances normales de leurs peuples, entraînés par la vaine gloire d'une domination plus vaste, d'une influence plus étendue et plus générale. Il est rare que les peuples laissés à eux-mêmes ne soient pas de tempérament pacifique, n'hésitent pas devant les guerres, plus préoccupés de vivre en paix par le travail, chacun au milieu des siens, que désireux de courir des aventures, dont les conséquences leur sont funestes en tous les cas, soit par les frais, les charges, les ruines qu'elles occasionnent, soit par la recrudescence de l'action autoritaire à laquelle ils sont soumis, et qui, sous prétexte de leur bien-être, de leur prospérité, songe surtout à assurer sa propre permanence et même son accroissement indéfini. N'écrivons-nous pas là les causes et les effets de la guerre actuelle ?

Les peuples peuvent donc ètre lancés dans des guerres d'ambition ou de conquêtes quelquefois de leur chef, mais le plus ordinairement du chef de leur prince, et sans même qu'ils aient conscience immédiate de la portée de l'acte qu'ils commettent ou laissent faire.

Nous sommes ainsi amenés à étudier quel doit être le mode d'armement de la France, pour qu'elle soit à même, sans trop de charges permanentes, et sans un trop grand développement de l'esprit militaire, le plus grand fléau des institutions républicaines, d'engager, ou mieux, de soutenir une lutte victorieuse contre toute agression ennemie.

L'expérience présente ne prouve pas précisément que notre ancienne organisation militaire n'aurait pu avoir ce résultat. Sans parler de la garde mobile, nous devions avoir sous les armes 7 classes de 100,000 hommes chacune, et même 8 classes, celle de 1862 n'étant pas encore licenciée à l'époque de la déclaration de guerre ; nous devions donc pouvoir mettre en ligne un minimum de 600 mille soldats parfaitement armés, exercés et aguerris. Certainement, dans de telles conditions, nous n'avions pas à redouter une attaque de la Prusse. L'on sait par suite de quelles circonstances, de quelle imprévoyance et peut-être de quelles dilapidations, nous avons eu peine à mettre en ligne 250 mille hommes. Mais, en somme, je le répète, ceci ne prouve rien contre le système.

Néanmoins, cette organisation, qui correspond à une dépense de 6 à 700 millions par an, qui enlève à l'activité nationale la partie la plus virile de sa population, qui l'isole de la nation elle-même, en pervertit le sens moral et tend à en faire une armée de prétoriens à la discrétion du premier ambitieux venu, ne saurait être conservée par la République. Si je conclus aussi absolument, c'est qu'au point de vue économique, une dépense annuelle de 600 millions, ajoutée à la somme au moins égale que représente l'inactivité de 500 mille hommes, dans toute la force de l'âge, correspond, en dix ans, à une quinzaine de milliards, et que la France ne me paraît pas assez riche pour couvrir cette dépense.

Autant vaudrait risquer une guerre funeste tous les dix ans, sans aucuns préparatifs : il y aurait économie, et nous profiterions en toute sûreté de la différence de la dépense et du surcroît de richesses dû à la suppression des causes anti-productives afférentes au maintien d'une armée permanente. Il est à supposer que le peuple, à défaut de ses gouvernants, y regarderait à deux fois avant de s'embarquer dans de folles aventures. D'autre part, un exemple aussi profitable ne manquerait pas de s'imposer aux nations voisines, qui ne tarderaient pas à le suivre.

Mais je sais que j'essayerais en vain d'amener l'esprit public à renoncer à toute armée, et à ne compter, sur le respect des autres nationalités, que par l'influence d'institutions libérales et pacifiques. Je sais qu'avec l'esprit mobile qui règne dans notre pays, l'on n'obtiendrait pas, de la propre initiative des citoyens, de se prêter d'une manière permanente et sans la menace d'une guerre éventuelle, à l'étude du maniement des armes, de manière à pouvoir, au premier signal, se former en armées régulières.

Il faut donc faire passer notre population par l'école du soldat, et, à cet effet, agir au besoin par la contrainte. Or, je ne vois véritablement que le système prussien, de l'application duquel nous faisons à cette heure une si dure expérience, qui puisse se prêter à la fois à la réduction de l'armée permanente, à la conservation de l'esprit civique, au maintien de l'ordre, à la réduction des charges de toute nature que nous avons eu à supporter, du chef de l'armée, sous tous les gouvernements autoritaires qui se sont succédés en France.

Le général Trochu, dans un livre célèbre qui n'a pas été malheureusement assez médité, évalue à trois ans la période nécessaire pour former un soldat. Il serait malséant à moi de contester cette affirmation; cependant, je remarque qu'en Prusse, cette période, qui, légalement, est, en effet, de trois ans, est réduite à un an pour les jeunes gens qui entrent au corps avec les connaissances et l'habitude nécessaires à ce qu'on nomme l'école du soldat et l'école du peloton.

Un an leur suffit ensuite pour apprendre l'école de bataillon, et il ne leur reste plus qu'à sacrifier quelques mois, dans les années suivantes, pour l'étude des grands mouvements de la guerre et des habitudes du soldat en campagne. Si j'ajoute que l'année de service réel, ils la passent dans leurs provinces respectives, c'est-à-dire au milieu des leurs et sans être, pour ainsi dire, perdus pour leurs familles, on reconnaîtra que ce système n'a rien de bien pénible et ne constitue pas une charge comparable à sept ou huit ans de notre service militaire actuel. Il me semble que les jeunes gens de dix-huit à vingt ans, de toutes conditions, pourraient se prêter à faire l'exercice un ou deux jours par semaine et aller ensuite dans les centres les plus rapprochés, par exemple au siége du département, y terminer en permanence, pendant un an d'abord, et trois mois pendant chacune des deux années suivantes, leur éducation militaire. Quand une douzaine de générations auraient passé par cet exercice, je considère que la France, pourvue d'un bon matériel de guerre, serait à l'abri de toute invasion. Qu'on veuille bien remarquer qu'en ce moment, où notre population armée est loin d'être aussi exercée que ce qui précède le suppose, nous n'avons pas encore perdu l'espoir de soutenir une lutte victorieuse contre les hordes armées et aguerries qui occupent le tiers de notre territoire. Je suis donc amené à penser que le système rudimentaire, qui vient d'être exposé, suffirait à la défense complète de la France. Certainement, ces millions d'hommes, sachant manier leur arme, mais inhabiles peut-être aux grandes manœuvres de la guerre, mal préparés aux fatigues d'une campagne, ne formeraient jamais une glorieuse armée d'invasion et de conquêtes, mais ce serait suffisant pour résister, sur notre sol, à n'importe quel conquérant. Cette armée n'aurait pas l'esprit militaire; elle n'aspirerait pas à faire des armes sa carrière, et ne serait pas disposée à prêter son concours à un ambitieux voulant sauver la France, comme on a osé dire en l'an 1852, de funeste mémoire; mais faudrait-il s'en plaindre? Notre jeunesse valide resterait dans ses foyers, participerait à la production, se créerait une famille, vivrait, en un mot, de la vie de tout honnête citoyen, et enfin laisserait à notre écrasant budget un excédant sensible, comme nous allons voir. Ces avantages incontestables ne rachètent-ils pas largement tous les inconvénients qu'on peut être tenté de m'opposer?

La dépense se réduit, en effet, à l'armement qu'on ne peut éviter dans aucun cas, et à l'entretien de cadres d'officiers, de sous-officiers instructeurs en assez grand nombre, enfin de 150 mille hommes en permanence sous les drapeaux. Calculons, si l'on veut, sur le chiffre de 200 mille hommes, pour tenir compte des dépenses afférentes aux trois mois de manœuvres de chaque classe pendant les deux années qui suivent l'année d'activité. Bien entendu que les classes libérées seraient astreintes, à la résidence de chaque citoyen, à suivre les exercices de la garde nationale, et susceptibles d'être mobilisées, pendant tout le temps jugé nécessaire, jusqu'à 35 ans, par exemple, et plus tard même, si la patrie courait des dangers.

Mais il n'y a plus de charges à imposer au budget de ce chef, et ces vieilles troupes formeraient même des cadres excellents pour l'éducation préalable des jeunes recrues.

La question resterait à étudier pour la formation de corps d'artillerie et de cavalerie, qui, sans doute, exigeraient un plus long exercice ; les hommes compétents peuvent seuls en décider. Sous cette réserve, le budget de la guerre s'établirait comme suit :

1.	200,000 hommes sous les armes, y compris leurs cadres d'officiers	200 millions
2.	Cadres supplémentaires	50 id.
3.	Artillerie et cavalerie	100 id.
	Total	350 millions

Je n'entendrais mettre à la disposition de l'Etat que le service des cadres permanents, de l'armement et de l'inspection. Les départements, d'après le chiffre de leur population, auraient à veiller directement à l'entretien de leur contingent en permanence dans chacun d'eux, de même qu'à la charge des sous-officiers instructeurs ou cadres de réserves jugés nécessaires à l'éducation des recrues.

Ils auraient également à se pourvoir d'armes et de munitions par des subventions, une fois payées, au Gouvernement.

En temps de guerre, il est clair que toute l'armée, de même que les dépenses nécessaires à sa mise en activité, seraient centralisées par le ministre de la guerre, dans des conditions à déterminer.

Ce système peut paraître, de prime-abord, d'une

application difficile; mais qu'on veuille bien remarquer que c'est celui-là même que nos départements non envahis essayent d'appliquer. Nonobstant les conditions désavantageuses où se trouvent les jeunes troupes mises sous les armes, il n'est pas certain qu'au moyen de cadres formés par d'anciens soldats, et un armement satisfaisant, on n'arrive pas à en former des divisions sérieuses, à même de se mesurer avec l'ennemi. Si donc ce système avait quelques années d'application, nous ne serions nullement embarrassés, et avec la bravoure qui caractérise le soldat français, même à l'état de recrue, notre sol serait bientôt affranchi.

En tout état de cause, le problème que je m'étais posé, de constituer un armement au niveau de toutes les attaques, sans armées permanentes, sans esprit militaire, mais, au contraire, avec l'esprit exclusif du citoyen; sans trop grandes charges pour le budget (1), sans causes de démoralisation, de rupture des liens de famille et d'appauvrissement de notre population, résultats inhérents aux conséquences du service actuel; enfin, sans cette centralisation excessive qui met constamment notre armée à la disposition d'un homme ou d'un parti, ce problème me paraît à peu près résolu dans les conditions où je me l'étais posé. Je le répète, je confesse mon incompétence en la

(1) La dépense de 350 millions, outre qu'elle constitue une réduction d'environ 300 millions sur le budget actuel, ne s'ajoute pas, qu'on veuille bien le remarquer, à une non-valeur de 5 à 600 millions, du fait de 500 mille hommes qui cessent de contribuer à la production.

matière, je n'entends pas que mes opinions fassent loi, mais j'espère cependant que quelques-unes de mes idées sont bonnes en elles-mêmes, utiles au point de vue de l'établissement de mœurs républicaines, et propres à prévenir le retour des malheurs qui nous frappent, et qui sont, en grande partie, la conséquence de notre système d'armée permanente, de son organisation autoritaire et de l'esprit antilibéral qui l'a de tout temps dominée. Avec ce système, les crimes de 1852 n'eussent pas été possible; nous n'aurions pas eu à supporter dix-huit ans de contrainte brutale qui ont amoindri notre pays au physique et au moral, et qui ont abouti au désastre sous lequel la France est menacée de succomber, et d'où elle ne sortira que ruinée dans le présent, et, peut-être, hélas! amoindrie dans l'avenir. Quand l'organisation d'une armée peut conduire un pays riche et prospère, comme était la France, à l'avènement de l'Empire, à supporter vingt ans de despotisme, pour arriver aux désastres qui l'accablent à cette heure, le sujet vaut qu'on y réfléchisse et que chacun y apporte la part d'idées qui peut lui appartenir. C'est ce que j'essaye de faire, tout en confessant mon incompétence en cette matière spéciale.

XI

MARINE

Mon incompétence est plus grande encore en fait de marine militaire, qu'en fait d'organisation guerrière. Il doit y avoir, cependant, là aussi, matière à réformes, car il est incompréhensible que notre marine marchande, en partie à cause du service de l'inscription imposé à nos marins, ne puisse pas recevoir un plus grand développement, au point que nos propres exportations se font en général par des marines étrangères. J'ai suivi avec soin l'enquête commencée à ce sujet, à l'ouverture de la dernière session des Chambres de l'Empire; mais il ne me semble pas que la commission chargée de cette enquête serait arrivée à des conclusions bien caractéristiques, à en juger par les débats qui ont eu lieu. L'inscription maritime a été fortement attaquée, d'un côté, au nom de l'égalité devant la loi, égalité qu'elle viole incontestablement; elle a été vivement soutenue, de l'autre, à cause des besoins de notre flotte militaire, car, paraît-il, nous ne pouvons pas, malgré notre grande population maritime, disposer d'assez de matelots pour le service de nos flottes de guerre et de nos navires marchands. Pourtant, nous voyons l'Angleterre suffire à cette double tâche, malgré des ressources moindres en apparence; la question ne saurait donc être insoluble et appelle l'attention des hommes spéciaux.

Dans quelle limite convient-il également de modifier l'organisation de nos colonies, afin de favoriser et d'étendre leur commerce avec la métropole, tout en accordant une plus grande liberté à l'élément local, et lui appliquant la loi commune à laquelle ont un droit incontestable tous les citoyens français où qu'ils soient? Je ne saurais non plus le dire. J'avoue, toutefois, que je ne vois pas en quoi il peut être nécessaire d'attribuer à nos colonies des gouverneurs empruntés au personnel de la marine, non plus que de les soumettre entièrement aux fantaisies de bureaux de ce ministère; il en résulte forcément un exclusivisme de direction qui ne peut qu'être nuisible à leurs intérêts. Les Anglais ont trouvé avantageux d'abandonner à elles-mêmes presque toutes les leurs; l'expérience a prouvé qu'aucun intérêt n'en avait souffert, tout au contraire.

Cette expérience semble prouver suffisamment le

peu de valeur des arguments invoqués par nos gouvernements pour maintenir le régime d'exception imposé à nos colonies, et reconnu, d'ailleurs, si peu favorable à leur complet développement.

On obtiendrait sans doute par l'application, à leur régime, de lois libérales, quelques réductions de personnel, et, ainsi, quelques faibles économies sur le budget de la marine. Mais ces réductions seraient fort probablement bien peu importantes; je n'y insisterai donc pas.

Je terminerai par une observation : comment se fait-il que, dans notre armement maritime, nous n'ayons pas eu quelques bâtiments propres à attaquer les côtes de la mer du Nord et de la Baltique? Notre flotte, qui croise dans ces parages depuis le commencement de la guerre, y a joué, faute d'armements convenables, le plus piètre rôle qui se puisse imaginer. Le tout se réduit à la prise de quelques bâtiments de commerce, dont les cargaisons ne valent pas, certainement, nos frais d'armement et de croisière dans ces mers, d'un séjour difficile pour les grands navires. Enfin, n'avions nous donc pas à sacrifier quelques vieilles carcasses de navires pour assurer l'entrée des passes, et permettre à notre flotte cuirassée de récupérer, par des contributions de guerre, sur les riches cités du littoral, une partie au moins de celles que les Prussiens ont prélevées sur nos villes? Il me semble, que si la campagne terrestre a été entamée à la légère, la campagne maritime n'a pas été engagée d'une manière brillante non plus. Je souhaite que cette critique hypothétique ne soit pas méritée; néanmoins, il doit bien être permis de déplorer qu'une marine, aussi forte et aussi coûteuse que la nôtre, n'ait pu, dans les circonstances critiques que nous traversons, nous être d'une plus grande utilité, et, sans doute, elle doit être l'objet de plus d'une réforme, à en juger d'après ces résultats.

XII

LA RÉFORME SOCIALE

Que doit-on entendre par la réforme sociale qu'un si grand nombre de gens tendent à confondre avec les institutions républicaines ?

Que les timides se rassurent : les idées communistes, socialistes, phalanstériennes, etc., ont fait leur temps, et la classe ouvrière poursuit la solution d'un tout autre problème, se résumant dans les idées coopératives. Le mot dit bien la chose ; il comporte cependant divers sens qu'il convient d'analyser.

L'ouvrier vit de son salaire de chaque jour ; à part de rares exceptions, il en vit au jour le jour, et ce n'est que grâce à quelques essais de mutualité, qu'il peut faire face aux accidents de maladie ou autres charges accidentelles, quand les administrations dont il dépend n'ont pas créé elles-mêmes, au moyen de fonds spéciaux additionnels aux salaires, les institutions de secours, indispensables aux agglomérations ou collections ouvrières.

Il arrive ainsi à toucher les deux bouts, comme on dit vulgairement, et si, par des privations sans nombre, il réalise quelques économies, il ne tarde guère, généralement, à les voir absorbées par les chômages qu'il ne dépend pas de lui de prévenir. Il vit ainsi sa vie, sans pain assuré pour ses vieux jours, et condamné à voir ses enfants destinés à creuser le même sillon ingrat. Certainement cet état de choses, qui ne se modifie que par exception, n'est pas encourageant, et l'on comprend les convoitises de l'ouvrier quand il compare sa destinée à celle des classes riches ou des patrons qui l'emploient, et qu'il voit prospérer et s'enrichir par l'effet de son propre travail. Il lui paraît qu'il a droit, en dehors de son salaire, à une partie des bénéfices dus à ses efforts, qu'il est fondé à en réclamer une part dans la mesure où il a coopéré à leur production.

Si la coopération se bornait à ce degré, il n'y aurait pas de raisons bien probantes pour s'opposer à son application ; mais les écoles modernes lui ont créé une portée bien autrement étendue.

Une industrie quelconque s'exploite au moyen d'un capital et d'une main-d'œuvre de chaque jour, c'est-à-dire par le concours d'un travail accumulé sous forme d'immeubles, de machines, de matières, etc., et d'un travail présent. La gestion de cette industrie reste entre les mains du capitaliste, qui acquitte par un salaire le travail courant, et reste, à ses risques et périls, possesseur de l'œuvre produite. Il en résulte généralement des bénéfices à son profit, bénéfices qui, sauf la réserve énoncée au paragraphe précédent, constituent légitimement, d'abord la rétribution de l'emploi du capital, puis les risques que ce capital a couru, et enfin la rétribution de la gérance.

Or, les classes ouvrières se sont dit que si elles pouvaient avoir à leur disposition, moyennant un simple intérêt, le capital nécessaire à l'exploitation de l'industrie à laquelle elles coopèrent, la part de bénéfices affectée aux risques de l'emploi du capital et même celle réservée à la gérance deviendraient leur propriété exclusive. En d'autres termes, elles demandent à jouir à un taux fixe, le plus faible possible (1), du crédit dont elles ont besoin, et à écarter le capital de toute autre participation aux bénéfices de la production. Elles n'assisteraient plus ainsi au spectacle de capitalistes qui s'enrichissent sans coopérer utilement au travail, prétendent-elles, tandis qu'elles, classes ouvrières, restent dans un état précaire. Tel est le résumé de ce qu'on nomme encore de ce nom de coopération; c'est même le résumé du système qui tend à s'incarner dans le mot.

Il y a bien encore une forme particulière de coopération qui a joué un grand rôle en Angleterre :

(1) Je passe sous silence l'école coopérative qui prétend s'approprier le capital d'autrui, sans le consentement du propriétaire et sans intérêt ni indemnité. Ce n'est qu'une variété du vol, le vol à la coopération.

celle des sociétés coopératives de consommation, les *trade's unions*. Cette forme a pour but, au moyen d'un capital prélévé sur les salaires et du crédit qui ressort de toute association, de se passer d'intermédiaires pour les achats des matières de consommation, qui se font alors directement, en masse, et sur les lieux même de production.

Il doit en résulter ainsi une économie sur les dépenses quotidiennes : on l'avait cru, du moins. Mais l'expérience a prouvé que les agents, chargés des achats et de la gérance des magasins, revenaient, à plus haut prix, que les prélèvements du commerce de détail réglé par la concurrence et dirigé par l'industrie privée. Aussi toutes ces sociétés dont on a fait grand bruit s'écroulent successivement.

Enfin dans les pays, comme l'Allemagne du Sud, où l'industrie opère encore sur une petite échelle, on a vu des associations prospérer au moyen de capitaux empruntés à des banques dites coopératives, parce que ces capitaux leur sont fournis par des prélèvements successivement opérés sur les salaires des associés. Rien de plus à l'abri de toute critique que la coopération entendue et appliquée dans ce sens. Malheureusement, elle est de moins en moins possible, par suite de l'extension démesurée que tend à prendre l'industrie moderne, au moyen d'établissements constitués par actions et dont le capital s'évalue par millions. Ces établissements, par la puissance des machines qu'ils sont à même d'employer, et par la réduction des frais généraux qu'ils obtiennent, produisent, en effet, à un bon marché qui écrase les petites industries, de telle sorte que celles-ci tendent à disparaître; et ainsi il ne peut plus être question des résultats auxquels est limitée l'action des banques coopératives, bien que nombre de ces établissements soient réellement florissants, dans quelques contrées de l'Europe.

Telles sont, je crois, les principales formes que peut revêtir la coopération, et encore de ces quatre formes, deux sont hors de cause : la coopération pour l'approvisionnement des produits alimentaires ou autres, condamnée par l'expérience, et la coopération par l'intermédiaire de banques populaires, qui ne peut avoir de portée en France, où la grande industrie créerait à ses tentatives une concurrence meurtrière.

Voyons ce que valent les deux autres formes.

La première que j'ai examinée me paraît, je le déclare hautement, parfaitement légitime. Je sais bien que, dans la plupart des cas, elle ne produira rien ou presque rien, car les établissements industriels sont loin de prospérer tous, et le résultat de leur exploitation se traduit, sinon par des pertes toujours, souvent par des bénéfices réduits qui ne couvrent même pas l'intérêt normal du capital. Il semble donc que la coopération ouvrière devrait se trouver satisfaite de toucher, en tout cas, son salaire qui la met à l'abri de tous risques et la débarrasse de l'aléatoire, et qu'elle ne devrait pas élever de prétentions au-delà, car les pertes et les bénéfices, outre leur caractère aléatoire, ne peuvent s'apprécier justement qu'au bout d'un certain nombre d'exercices, et ainsi l'ouvrier ne peut guère y compter ou ne saurait en espérer un avantage immédiat. Néanmoins, il ne faut pas donner à cette justification de l'état de choses actuel une portée plus grande qu'elle ne mérite.

D'une part, il est bien des cas où des établissements bien gérés, des industries sagement conduites, donnent des bénéfices bien supérieurs au taux légal du capital et même de la prime à lui concéder pour les risques qu'il court; d'autre part, nombre d'établissements, si les patrons attribuaient sur les bénéfices éventuels une part, en dehors des salaires, à la coopération ouvrière, nombre d'établissements, dis-je, qui végètent, verraient probablement se relever leur prospérité (1).

(1) En traitant la question des douanes, nous avons proposé (p. 29), de faire prendre en régie par l'État les manufactures que leurs propriétaires se refuseraient à exploiter, moyennant une prime annuelle substituée à la protection douanière, et nous avons admis qu'elles pourraient servir à des expériences de coopération ouvrière. C'est, on le comprend, à titre essentiellement transitoire que nous avons songé à une telle mesure, en contradiction complète avec les principes développés dans cette étude. Mais la question théorique est dominée à la fois par les errements du passé qui obligent à des ménagements, et par la nécessité d'étudier à fond les idées coopératives actuellement à l'ordre du jour. Ensuite, il faut songer qu'à la paix, il faudra, à tout prix, trouver du travail pour la classe ouvrière; que l'État devra intervenir, aussi bien dans l'intérêt des patrons à qui le capital de roulement va manquer, que dans celui des ouvriers dont le sort va se trouver excessivement précaire. C'est seulement, sous toutes ces réserves, que la mesure que nous avons proposée pourrait recevoir une application réduite et temporaire, et servir à des expériences comme celles dont il est question ci-contre.

Il doit y avoir un grand écart entre le résultat du travail simplement salarié et du travail intéressé. Je crois donc que les exigences de la classe ouvrière, sans en excepter la classe agricole, pourraient être favorablement accueillies au plus grand profit des industriels, et que cette concession d'une portée immense, si l'on en poursuit l'application, serait de nature à satisfaire les plus légitimes exigences.

Considérons, en effet, un établissement industriel d'une valeur d'un million, produisant par la coopération de deux cents ouvriers, par exemple, un chiffre d'affaires d'une valeur double, ce qui n'a rien d'extraordinaire. Posons 10 % de bénéfices, soit 200,000 francs. Nous prélevons d'abord pour l'intérêt du capital à 5 % : 50,000 francs ; puis 10 % de retenue, pour son entretien et son amortissement, soit 20,000 francs ; il reste ainsi à répartir 130,000 francs, dont nous pouvons concéder un tiers, par exemple, à la coopération ouvrière, soit environ 45,000 francs, ce qui donne à peu près 250 francs pour chaque ouvrier.

Tous ces chiffres, bien entendu, ne sont qu'hypothétiques et c'est ailleurs que porte mon observation. J'appelle l'attention du lecteur sur la part des bénéfices réservée à titre d'entretien et d'amortissement du capital. Cette prime appartient naturellement au propriétaire, mais il arrivera un moment où le capital sera remboursé. Il se passera peut-être, il est vrai, une génération avant d'atteindre ce résultat, mais je ne vois pas qu'à ce moment l'établissement ne puisse être réclamé au moins pour moitié par les ouvriers participants, dont les enfants, à leur défaut, continueraient alors l'exploitation en pleine coopération.

Nous arrivons à ce résultat, il est vrai, dans un temps bien lointain; nous n'accordons, en attendant, qu'un bien faible soulagement à la classe ouvrière; mais, néanmoins, ce résultat est possible, et même plus rapproché qu'on ne le suppose, car chaque annuité versée à l'amortissement apporte une part correspondante immédiate à la coopération; enfin la part de bénéfices, perçue chaque année par l'ouvrier, l'aide à atteindre des temps meilleurs, l'attache à l'établissement, et le met à l'abri des convoitises qui l'atteignent forcément, quand il se voit condamné à végéter au service de ces grandes industries modernes dont la création est inabordable à l'activité individuelle.

Le lecteur voudra bien remarquer, incidemment, que la participation de l'ouvrier aux bénéfices éventuels de l'exploitation est à peu près le seul palliatif de ces grèves funestes qui tendent malheureusement à se multiplier. On ne peut admettre, en effet, que l'ouvrier soit tenté de se mettre en grève, quand, en dehors de son salaire, il est en droit d'espérer un supplément de paie, en rapport avec les résultats obtenus par le concours du capital et du travail. Si son salaire est insuffisant, si les bénéfices sont nuls, il n'aura pas à s'en prendre au chef d'industrie engagé dans une mauvaise affaire; il comprendra qu'il lui faut se pourvoir ailleurs, et au besoin changer de spécialité, si son industrie ne répond pas aux besoins de la consommation, ou si elle ne peut supporter la concurrence. Que l'on soit bien convaincu que les classes ouvrières, quand elles ne sont pas dominées par la passion ou égarées par de funestes doctrines, ont au plus haut degré le sens de la justice.

Si j'approuve cette forme de la coopération qui, à l'instar de tous les progrès de l'humanité, demande du temps pour produire de bienfaisants effets, il n'en est pas de même de la dernière forme prônée par certains meneurs doués de plus d'imagination que de bon sens. Elle descend en ligne directe des doctrines socialistes et communistes. Elle se traduit par l'expropriation du capital et l'aventure sûrement, à moins d'admettre que toutes les industries créées donneront des bénéfices certains; elle part de la violence pour aboutir à la dilapidation du capital acquis, lequel, cependant, ne peut-être considéré que comme du travail accumulé, appartenant légitimement à ceux qui l'ont produit. Elle a pour but de faire des expériences aux dépens d'autrui, et l'on ne peut véritablement espérer que le capital s'y prête librement, alors que rien ne le garantit contre sa perte probable. Ce n'est pas quand l'intérêt personnel, agissant dans une voie de son choix, avec la perspicacité d'un gérant doublé d'un propriétaire, avec des connaissances acquises en la matière, ce n'est pas quand on échoue souvent dans de telles conditions qu'il y a lieu de compter sur les résultats à atteindre au moyen d'intermédiaires qui ne verront ordinairement que la satisfaction d'intérêts immédiats, au risque de compromettre le capital engagé, qu'ils peuvent toujours compter retrouver par l'application de leurs principes anti-économiques.

Il faut donc, à tout prix, combattre ces doctrines anti-sociales, qui ne sont restées à l'état de doctrines que par suite des entraves apportées, sous l'Empire, à la vulgarisation des saines idées économiques. Au lieu de forcer leurs adhérents à proclamer de tels principes à Genève ou à Liége, mieux eût valu les leur laisser crier sur les toits : ils auraient rencontré des contradicteurs sérieux, qui auraient ramené dans le droit chemin tous les égarés de bonne foi. La publicité de l'erreur permet seule de ramener ses partisans à la vérité, et le malheur est que ces doctrines se soient transmises de l'oreille à l'oreille, sans rencontrer jamais une rectification ; nous en recueillons présentement les fruits.

Une partie de la classe ouvrière, en possession de ces idées fausses, depuis nombre d'années, a fini par les considérer comme articles de foi, et malheur à qui oserait les contester. Il serait aussitôt traité d'ennemi, et dans l'impossibilité de faire entendre sa voix, quelle que soit sa compétence en la matière.

Le danger de tout cela, pour l'établissement pacifique de la République, c'est que ces réformateurs s'imaginent qu'ils peuvent compter sur cette forme de gouvernement pour faire, en grand, l'expérience de leurs théories ; que le budget de la République pourra être, à cet effet, mis à leur disposition.

Ils pensent que les produits créés rembourseront les avances à eux faites, comme si ces produits, à moins d'admettre la protection que nous avons combattue à propos des douanes, devaient nécessairement entrer dans la consommmation, au prix où ils devront être facturés pour couvrir tous leurs frais de production, bénéfices compris. La théorie de cette dernière forme de la coopération suppose, il est vrai, la mutualité entre toutes les industries, et, si cette mutualité ne suffit pas, la responsabilité de l'Etat en dernier ressort, car c'est toujours au budget qu'aboutissent les utopies, comme s'il pouvait être dans les attributions d'un gouvernement quelconque de pourvoir aux moyens d'existence des citoyens. Tout son rôle, c'est la protection de la liberté et de l'activité privées, on le perd trop de vue. La solidarité générale mènerait tout droit à l'irresponsabilité et à l'inactivité individuelles. Il n'est pas permis d'en douter quand nous avons, sous les yeux, les résultats de la protection et de la prohibition douanières, qui sont l'application au capital de cette même doctrine qu'on voudrait appliquer maintenant au travail ; et même le résultat s'aggraverait encore du fait d'un champ d'action plus étendu, des moindres risques encourus, finalement d'une responsabilité moindre incombant aux travailleurs protégés.

Il faudra, sans doute, un certain temps de libre et publique discussion pour modifier toutes ces idées erronées, et les convertir en opinions plus saines. En attendant, il faut en toute hâte réduire nos budgets, et ne plus mettre, à la charge de l'Etat et à la disposition du gouvernement central, des dépenses qui doivent ressortir des autorités locales ou de l'activité privée. Quand ces néo-théoriciens verront le gouvernement de l'Etat réduit à des ressources budgétaires très-limitées et ayant une destination parfaitement motivée, ils seront moins tentés de le mettre à contribution pour l'expérience d'idées impraticables.

Voilà les conclusions rigoureuses de la science; mais est-ce à dire que ce soit là son dernier mot, ou mieux cette quatrième forme de la coopération ne comporte-t-elle aucune solution pratique susceptible de concilier, à la fois, les intérêts des capitalistes et les aspirations ouvrières? Nous ne le pensons pas.

D'abord, il est hors de doute que l'association d'un certain nombre d'ouvriers honnêtes et laborieux entraîne avec elle une garantie réelle d'où résulte une certaine somme de crédit. C'est ainsi que nous avons vu à Paris une association de simples maçons s'organiser en société coopérative, trouver du crédit et devenir une société d'entreprise de travaux d'une grande importance; autant qu'il m'en souvient, cette société a pu soumissionner et exécuter la construction de la gare d'Orléans. Mais qu'on le remarque bien, elle a agi sans contrainte aucune, elle n'a pas commencé par vouloir faire la loi au capital, et surtout, en lui faisant appel, elle n'a pas invoqué un droit que le capital, avec raison, ne lui aurait pas reconnu. L'association d'abord, l'honnêteté reconnue de ses membres ensuite lui ont valu crédit : voilà tout. Ajoutons toutefois, que son action s'exerçait sur des travaux ne comportant guère d'aléatoire.

Le même chemin est ouvert à toutes les classes ouvrières, à la condition de suivre absolument la même voie. J'ajoute que les capitalistes ne demanderont pas mieux de faire ainsi cause commune avec la classe ouvrière, si celle-ci renonce à revendiquer un droit qui ne lui appartient pas, se contente de faire des efforts pour obtenir confiance et crédit, et sait s'en montrer digne.

Enfin, nous nous permettrons d'ajouter, pour la classe qui possède, qu'elle doit se prêter à cette alliance sans trop rester à cheval sur les données de la science. Il y a derrière cette question sociale, aussi redoutable que les Prussiens pour le salut de la République, une question de sécurité. Les classes ouvrières, qui souffrent incontestablement, quelle qu'en soit la cause, invoquent, en somme, une loi de solidarité que l'on ne peut accueillir absolument par une fin de non-recevoir ; les ruines dont la France va se trouver couverte, à la suite de cette terrible invasion germanique, vont momentanément accroître encore leurs souffrances : il sera donc bien difficile de répondre à leurs exigences, quelque déraisonnables qu'elles paraissent, sans quelques sacrifices, la logique de la théorie dût-elle en être violée. Ainsi nous avons légitimement conclu que tous devaient être soumis à l'impôt, sauf proportionnalité ; je crois cependant qu'il ne sera guère possible d'y soumettre rigoureusement les classes les plus pauvres, encore qu'elles soient plus intéressées que les classes aisées à la bonne marche des services publics. Mais allez donc leur faire comprendre que le gouvernement n'est pas une institution exclusivement destinée à sauvegarder la propriété, qu'il sauvegarde plus spécialement, au contraire, l'individu, sa liberté, son activité ! Les errements passés, et encore présents en fait d'administration, étaient-ils faits pour leur ôter la croyance que le gouvernement est établi contre elles et non pour elles ? Nous avons dégagé avec raison la complète solidarité de l'Etat dans les intérêts individuels : cependant, lors des crises qui laissent l'ouvrier sans pain, n'y a-t-il pas là un cas de force majeure, qui oblige la société à intervenir au nom de la solidarité humaine et à l'aider dans la limite du nécessaire ? Il serait, d'ailleurs, logique, en prévision d'accidents de ce genre, que toute industrie intéressée dans la question soit tenue de constituer, à cet effet, une caisse de secours, et que les caisses de secours des diverses industries soient unies par la mutualité. Les patrons, en consentant au prélèvement sur les bénéfices, d'un certain fonds de réserve affecté à cette destination, donneraient, à peu de frais en somme, à la classe ouvrière, une preuve d'intérêt dont elle leur tiendrait certainement compte.

Qu'on veuille donc bien comprendre que la force et le droit sont insuffisants pour résoudre le problème social, et qu'il faut en chercher la solution avec le cœur, si je puis dire, et par l'alliance de la liberté, de l'égalité, c'est-à-dire de la justice, et de la fraternité. C'est la devise de la République, le phare éclatant qui doit présider à la reformation de la société moderne et à sa vitalité harmonique.

XIII

LE SUFFRAGE UNIVERSEL

Le suffrage universel, l'une des conquêtes glorieuses que nous a valu 1848, application positive de la souveraineté du peuple, le fleuron de nos institutions politiques, n'a pas précisément tenu toutes les promesses favorables qu'il permettait de présager. C'est, en effet, grâce à lui, il serait inutile de le déguiser, que de réactions en réactions nous sommes arrivés à l'Empire et qu'après dix-huit ans de despotisme, acceptés par lui de gaieté de cœur, nous nous débattons sous un désastre sans exemple dans l'histoire de notre pays.

A quoi faut-il attribuer ce résultat peu encourageant? L'institution est-elle mauvaise, ou son application a-t-elle été trop hâtive et prématurée, eu égard au développement de l'esprit politique de la majorité du pays ? Faut-il conserver le suffrage universel tel quel, ou faut-il le restreindre, en réduire les applications ou même le supprimer ? Questions fort complexes qui divisent justement les hommes politiques de ce temps.

Nous avons défini le gouvernement : l'ensemble des institutions, ou mieux des services généraux qui régissent les intérêts d'une nation. On voudra bien remarquer que nous n'y faisons rentrer ni l'administration de la commune, ni celle du canton, ni même celle du département, en ce qui touche au moins l'administration locale. L'unité du pays est suffisamment établie et cimentée, pour que nous n'ayons pas à nous laisser influencer par la crainte de ce qu'on a appelé le fédéralisme : il est bien certain qu'il n'y a, et qu'il n'y aura jamais en France que des Français.

En un mot, nous avons restreint le gouvernement à la gestion des seuls services généraux, en laissant l'indépendance la plus entière à la gestion des intérêts secondaires. Nous avons proposé de régir chaque ordre d'intérêts, au moyen de conseils librement élus par l'universalité des citoyens que ces intérêts concernent. Voyons donc leurs droits à cette élection, nous conclûrons ensuite.

Nul doute que tous les citoyens d'une commune ne soient compétents pour les affaires de la commune ; leurs droits sont les mêmes, leur degré de participation aux charges locales est seule variable en proportion de leur fortune. En vain voudrait-on voir dans ce fait une application élémentaire des principes communistes, et prétendrait-on que le riche ne devrait pas payer plus que le pauvre pour des services, l'instruction primaire, par exemple, qui les intéressent au même degré. Ce serait là une fausse interprétatiou, car il ne serait pas difficile de démontrer que la plupart des charges locales sont plus profitables aux riches qu'aux pauvres; que, partant, il est logique que les premiers y participent dans une proportion plus grande; que les charges qui semblent faire exception, outre qu'elles sont légitimées par le sentiment de solidarité qui doit animer les membres d'une même communauté, trouvent encore leur justification dans les résultats à atteindre, c'est-à-dire l'accroissement du bien-être des masses, leur instruction, leur moralisation, qui deviennent, avec le temps, autant de garanties de l'ordre social, indispensables à la progression et à la conservation de la richesse. Donc, à ce premier degré, tous les membres de la commune doivent participer au scrutin.

Ces mêmes raisons nous mèneraient aux mêmes conclusions pour le canton et le département. Je le répète, d'ailleurs, il ne s'agit jusqu'ici que d'intérêts locaux, matériels pour la plupart, et d'une compréhension facile pour les masses, quel que soit leur développement social.

Nous ne pouvons ainsi rencontrer d'objections que pour l'application du suffrage universel à la nomination du conseil de gouvernement. On peut craindre, à en juger par l'expérience, que la généralité des citoyens ne soit pas compétente pour apprécier sainement les idées abstraites qui s'agitent dans cette sphère, et pour faire le choix de repésentants à la hauteur de leur mission. On peut appréhender l'action de ces jalousies aveugles, qui séparent les habitants des campagnes des classes ouvrières des villes, et de la classe bourgeoise, si je puis dire, antagonisme que nous avons vu se produire pendant vingt ans, et qui a eu pour conséquence ces élections funestes, quelquefois scandaleuses, qui nous ont conduits à l'abîme, et qui font douter vraiment de la conscience et de l'intelligence politique des masses.

Ces considérations sont redoutables ; néanmoins, je me prononce hardiment pour le suffrage universel, agrandi même encore, s'il y a lieu, parce que ces errements, ces défaillances que l'on peut signaler ne viennent que de la surface trop étendue de l'action du pouvoir, de la trop grande multiplicité des intérêts confiés à la gestion gouvernementale. C'est, en effet, entre les mains du gouvernement que réside encore aujourd'hui la satisfaction de nombre de besoins locaux, de nombre de convoitises individuelles, de nombre de priviléges résultant de notre organisation excessive. La conséquence, c'est que l'intérêt local ou personnel a fait constamment élire les hommes qui passaient pour inféodés à ce pouvoir, chargé de répandre la manne sur toutes les parties du territoire. On a nommé autant que possible, pour députés, les créatures, soit du monarque, soit des ministres, en raison de bienfaits à obtenir par leur intermédiaire ou de priviléges à conserver, priviléges que le gouvernement mécontent pouvait être tenté de retirer : telle est, je crois, la vérité.

Or, avec l'ordre de choses préconisé dans ce travail, il n'y a rien à redouter de semblable. La sphère du gouvernement restreinte aux plus étroites limites, n'embrassant plus l'administration d'un budget qui semblait inépuisable, ne permet plus d'attendre de l'initiative de l'Etat, soit des bienfaits, soit des menaces; les intérêts locaux, en particulier, sont étrangers à son action, et grand était leur rôle en tant qu'influences électorales.

Il ne s'agit plus de nommer simplement des conseillers d'un pouvoir autoritaire indépendant d'eux et les dominant complétement, auxquels on confiait un mandat sans y prêter grande portée, et en ne songeant qu'à l'exploitation de leur influence personnelle, en vue d'intérêts locaux ou particuliers; les députés à nommer maintenant seront, pour ainsi dire, tout le gouvernement. C'est de leur choix intelligent que vont dépendre l'avenir de la patrie, la bonne gestion des intérêts généraux du pays, le maintien de l'ordre public, l'indépendance collective et individuelle.

Dans les conditions où nous nous sommes placés, avec les modifications que nous avons proposées en vue de la décentralisation du pouvoir, en face de l'importance nouvelle des fonctions de députés, de la suppression de leur influence vis-à-vis des intérêts locaux et des convoitises individuelles, il ne paraît pas qu'il y ait lieu de craindre ces défaillances du suffrage universel, motivées par des causes indépendantes de l'institution elle même, et tout entières imputables à la trop grande centralisation du gouvernement et à l'importance exagérée des intérêts remis à sa gestion. Seulement, les mêmes causes, aussi bien sous le gouvernement républicain que sous un autre, doivent produire les mêmes effets : à en juger par l'expérience passée, le sujet vaut que l'on y pense, et il faut en grande hâte pourvoir à toutes les modifications nécessaires pour en prévenir l'action ultérieure.

Les considérations développées dans ce chapitre indiquent assez que si le gouvernement de la France devait conserver sa centralisation actuelle, il ne me semblerait pas logique de maintenir le suffrage universel sans restrictions. Je sens et je sais que les limites à ces restrictions sont délicates à fixer, puisqu'elles ne peuvent reposer, en somme, que sur les capacités intelligentes des masses, et que tel citoyen, tout en ne sachant pas lire, peut émettre un vote plus intelligent que tel autre plus instruit que lui. Néanmoins, à en juger par le passé, il me semblerait impossible de maintenir, dans sa généralité, une institution qui a produit de si funestes fruits. J'espère que nos constituants examineront avec soin cette situation, et que, s'ils ne se rallient pas à la décentralisation, seule propre à rendre au suffrage universel toute sa vérité, ils sauront aviser à en prévenir les périls indiscutables.

Il ne manque pas de bons esprits qui soient partisans du suffrage à deux degrés. Il comporte cependant maintes objections dont la principale est de donner trop d'empire à l'influence de clocher, à la classe bourgeoise en dernière analyse. Sans doute cette classe représente bien la partie éclairée de la population, celle qui est la plus à même d'apprécier les besoins et les nécessités d'un gouvernement normal; mais, en somme, je me défie du règne d'une classe, quelle qu'elle soit ; je redoute ses tendances exclusivistes, son action omnipotente. Il n'y a pas, en France, une fusion suffisante des divers intérêts sociaux, nous avons encore, à un trop haut degré, des velléités d'inégalités, de castes, de priviléges pour que je veuille jamais consentir à établir des catégories dans le vote, catégories que je craindrais devoir produire des luttes, des rivalités et finalement des révolutions, sous prétexte de revendications de droits lésés ou méconnus. Je n'hésite donc pas, si le *statu quo* était maintenu, à repousser le suffrage à deux degrés et à lui préférer des restrictions apportées au suffrage direct.

Je n'ose apprécier, je l'avoue, quelles peuvent être ces restrictions dont les bases ne sauraient être fournies par le cens, ne peuvent reposer utilement sur un degré supérieur d'instruction sans risquer de créer une aristocratie de l'intelligence, la plus noble si l'on veut, mais ne représentant pas à elle seule le droit de gouvernement, bases enfin pour lesquelles l'instruction élémentaire n'est qu'une garantie insuffisante, car les Prussiens, par exemple, qui possèdent cette instruction dans sa plus grande généralité, n'en sont ni plus sociables, ni plus civilisés pour cela, et s'enthousiasment parfaitement pour les idées aristocratiques, autoritaires, rétrogrades et conquérantes de M. de Bismark.

Les restrictions à apporter au droit absolu de suffrage ne peuvent donc guère se rencontrer que dans l'obligation d'un domicile prolongé, dans les droits acquis du fait d'une situation stable et régulière. Si l'on peut, avec quelque raison, contester le droit du vote au jeune homme célibataire, il serait absurde de le lui contester dès l'instant où il est marié ; si on le refuse au soldat sous les drapeaux, ce n'est pas une raison pour le refuser également à l'homme de même âge, chef d'industrie..., etc. Il ne faut pas s'y méprendre : apporter des réserves au suffrage universel, en vue de garantir son efficacité, n'est pas le supprimer ni même réduire son action. Je n'hésite pas à dire, par exemple, qu'il me paraît un peu hâtif, quand on en gratifie des jeunes gens de vingt ans ; un peu exclusif, quand on en prive telle mère de famille, chargée, à titre de veuve, d'intérêts considérables et, au même titre, complètement émancipée légalement. Je ne serais pas trop éloigné de réserver le droit de voter aux seuls pères de famille, aux citoyens jugés dignes d'emplois publics, aux célibataires chefs d'industrie, et responsables, en cette qualité, de grands intérêts moraux et matériels, etc.

Qu'on ne s'y méprenne pas toutefois, je ne fais pas là une profession de principes, et ces observations n'ont rien d'absolu. Si notre centralisation autoritaire doit être conservée, je me méfie avec raison du suffrage universel tel qu'il a été appliqué et surtout des résultats qu'il a engendrés. Je désirerais conjurer le retour des mêmes errements et des mêmes conséquences ; j'étudie sommairement sur quelles bases pourraient reposer les restrictions que comporte justement son application, mais j'en laisse la responsabilité entière à la Chambre qui devra statuer sur la question.

XIV

CONCLUSION

Si le lecteur veut bien résumer ce qui précède, il ne lui sera pas difficile d'arriver à un projet élémentaire de constitution ayant pour base essentielle la décentralisation. Je confie à des pouvoirs locaux l'administration de tous les intérêts locaux, je supprime ce qui se résume dans le *Rapport*, cette pierre angulaire de notre machine gouvernementale, qui nous mène à faire trancher toutes les affaires du pays par des intermédiaires de moins en moins compétents, de moins en moins au courant de la solution qui convient. On comprend une telle organisation dans un pays gouverné autocratiquement, et où la solution des affaires intéresserait le chef de l'Etat d'abord, les intéressés ensuite : il me semble qu'on ne peut l'admettre sous un gouvernement républicain.

Je ne puis l'admettre, pour mon compte, que pour les affaires qui touchent à l'intérêt général : aussi ai-je réservé la direction de celles-ci au gouvernement central, seul en mesure de juger avec impartialité, et de tenir compte, dans une mesure convenable, de la part à faire aux intérêts locaux, intérêts souvent égoïstes et dont il faut limiter l'influence.

Est-ce à dire que j'entende restreindre d'une manière absolue l'action du gouvernement central aux seuls intérêts généraux? évidemment, non. Je lui ai réservé le contrôle des intérêts locaux, aux délégués desquels il conserve tous droits de dicter, au besoin par l'intermédiaire de la Chambre, les mesures qu'il jugerait indispensables à la satisfaction de ces intérêts, s'ils étaient méconnus.

Qu'un conseil général se refuse, par exemple, à voter les fonds nécessaires à l'entretien des écoles, des institutions de bienfaisance, etc. : le gouvernement a le droit, dans ce cas, d'intervenir, d'examiner la situation, de faire voter les fonds nécessaires, et même, de voter des fonds supplémentaires, pris sur le budget commun, pour venir en aide aux départements pauvres, empêchés, du fait de ressources insuffisantes, de suivre le mouvement général. Je ne fais donc pas de la France un pays fédératif, car je conserve avec soin le principe de solidarité qui constitue une nation.

L'organisation que je propose aura pour résultat

la suppression d'un grand nombre de fonctionnaires. En principe, nul ne contestera que ce ne soit un bienfait pour les contribuables. Seulement, un certain nombre de carrières se trouveront brisées; des droits acquis, du fait d'une situation antérieure, se trouveront compromis; j'aurai sacrifié, en un mot, certains intérêts individuels à l'intérêt général : je ne le conteste pas. Mais, en somme, il est possible de respecter ces droits, en réservant aux employés dépossédés le bénéfice des emplois vacants, et en leur conservant leur traitement, jusqu'à ce qu'ils aient retrouvé, au service de l'Etat ou dans l'industrie privée, une position équivalente (1). Ces droits acquis peuvent, d'ailleurs, être liquidés par

(1) Je prie le lecteur de remarquer que les réductions apportées au budget, réductions dont auront à souffrir peut-être quelques fonctionnaires, sont autant de moins d'enlevé à l'activité privée ; que ces capitaux, devenus libres entre les mains des particuliers, contribueront à activer la production, au lieu de rester improductifs entre les mains de l'Etat ; qu'ils exigeront, à cet effet, le concours d'un travail salarié auquel les fonctionnaires rendus à l'indépendance pourront participer avec fruit. De ce que leur traitement ne leur arrivera plus par l'intermédiaire de l'Etat, il ne faudrait donc pas en conclure qu'ils ne trouveront pas d'emploi ; il est prouvé, au contraire, que l'industrie privée offre plus de ressources et plus d'avenir que ces fonctions publiques si recherchées, probablement à cause de l'espèce d'irresponsabilité dans les résultats, qui les caractérise. On doit avouer que ce n'est pas là une tendance qu'il faille encourager. Il ne faut jamais perdre de vue que si la France est relativement pauvre, c'est qu'elle manque d'activité et ne produit pas assez : sa production annuelle ne correspond pas, en effet, à une valeur de plus de 400 francs par habitant, soit 80 centimes par jour ; nous devons tendre à la doubler à bref délai.

une somme d'argent, une fois donnée, soit en espèces, soit en titres de rente.

Je sais bien que l'on n'arrivera pas à contenter tout le monde, mais il faut se dire qu'il s'agit d'un intérêt général, qu'il s'agit de la liberté et de la prospérité publique, et que la considération de quelques intérêts froissés ne peut réellement être un obstacle aux mesures indispensables pour atteindre le but proposé.

Qu'on me permette d'insister, à un autre point de vue encore, sur cette nécessité de la décentralisation : celui des divergences politiques qui se partagent la nation. A n'en pas douter, cette constitution est absolument incompatible avec toute forme de gouvernement autre que la forme républicaine ; au moins aucun souverain ne l'acceptera-t-il de bon gré.

Comment, en effet, avec un budget réduit aux dépenses des services généraux, avec des agents ne relevant que des administrations locales, avec une armée dont l'organisation est indépendante de tout esprit militaire, avec des institutions enfin qui laissent à la nation sa vie propre, comment admettre qu'un pouvoir autoritaire trouve sa raison d'être ou son indépendance ? Son rôle ne serait-il pas absolument nul et sans portée ? Donc nous, républicains, nous serons seuls sur le terrain de la logique, quand nous proclamerons nécessaire cette forme de gouvernement. Nous seuls, nous laisserons à chacun sa liberté, et pourrons, à la rigueur, si le parti du pouvoir monarchique venait à dominer un jour, laisser ce parti se choisir un maître, sous la seule réserve de ne pas toucher aux libertés des pouvoirs locaux. Le temps nous ferait bientôt raison de cette dissidence, sans que nous ayons à redouter la moindre révolution, car toute tentative d'absorption de pouvoir serait aussitôt empêchée par les autorités locales et provinciales, indépendantes, comme nous les créons, de toute action des agents du gouvernement. Enfin, si cette forme monarchique persistait, l'on doit reconnaître qu'elle serait presque inoffensive, et qu'elle ne paralyserait que faiblement le développement des libertés et de la prospérité publiques. Cette seule considération est, à mon sens, une puissante recommandation à l'appui d'une complète décentralisation.

La décentralisation répond encore aux objections que des esprits très-sérieux ont de tout temps soulevées contre une chambre unique. Le pouvoir central, dans l'état de notre constitution actuelle, résumant en lui tous les pouvoirs, c'est-à-dire la gestion de tous les intérêts de la nation, toute résolution nouvelle, prise intempestivement, peut entraîner un bouleversement complet de tous les intérêts, compromettre toutes les positions, bouleverser tous les services. On comprend donc, malgré le danger de scissions dans le pays, pouvant résulter de scissions, entre des pouvoirs indépendants et distincts qui s'exercent sur les mêmes intérêts, on comprend, dis-je, la théorie d'une Chambre haute, dont le rôle est de suspendre l'action de toute résolution de la première Chambre, ou révolutionnaire, ou seulement trop hâtive. Cette seconde Chambre est le frein appliqué à la machine gouvernementale.

Rien à craindre de ces accidents dans la nouvelle constitution dont nous venons de jeter les bases. D'abord, nous maintenons les pouvoirs, à tous les degrés, en permanence, sauf renouvellement du cinquième des membres chaque année. Le pays n'est pas ainsi exposé à voir son gouvernement représenter, à des périodes déterminées, des opinions contradictoires, ou si ces opinions se produisent, elles seront le résultat de cinq années d'un mouvement correspondant et continu dans le pays, et l'on doit, dans ce cas, conclure à sa légitimité. Enfin, si une résolution hâtive sortait des délibérations d'une Chambre unique, cette résolution, circonscrite dans ses effets, susceptible de rencontrer des résistances, ou, au moins, des remontrances dans les pouvoirs provinciaux, ne pourrait acquérir la portée que l'on redouterait à juste titre d'une mesure de ce genre, avec la centralisation absolue qui régit présentement nos institutions.

A quelque point de vue que l'on envisage la question, indépendance de la nation, sauvegarde de ses intérêts, économie et compétence de gestion, simplification des charges publiques, justice dans le prélévement et l'emploi des fonds nécessaires aux besoins sociaux, liberté, solidarité, etc., il me paraît que la décentralisation satisfait à tout.

L'établissement de cette décentralisation, sa substitution à notre constitution actuelle souffrira, sans doute, quelque difficulté ; le pays, déshabitué depuis longtemps du souci de se gouverner lui-même, éprouvera, peut-être, quelque hésitation à prendre en main le gouvernail et à suivre ses propres affaires : les événements qui, malgré la présence de l'ennemi sur notre sol, se produisent dans quelques grandes villes, l'anarchie qui s'y implante et qui y règne d'ordre de minorités sans valeur politique, et dont les tendances à l'oppression des majorités n'ont d'excuse que dans l'esprit de revendication qui les anime, enfin la passivité de ces mêmes majorités, leurs dispositions à acclamer n'importe quel pouvoir, pourvu qu'il agisse pour elles, qu'il les protége, leur garantisse l'ordre et la sécurité, toutes ces circonstances ne le prouvent que trop ! Qu'à cela ne tienne. La France, après l'hésitation du premier moment, ne tardera pas à se dire que, dans la crise de transformation que traverse la société européenne, il est par trop imprudent d'abdiquer entre les mains d'intermédiaires irresponsables qui peuvent la mener, malgré qu'elle en ait, à l'abâtardissement, à l'appauvrissement, à la ruine et au désastre. Majorités et minorités finiront par apprendre et par observer leurs droits et leurs devoirs réciproques. La civilisation ne serait qu'un vain mot, les races de l'Occident seraient déchues sans remède, si un peuple comme le nôtre ne pouvait se gouverner lui-même. J'ai foi que la France, engagée résolûment dans la voie de la décentralisation républicaine, ne regrettera rien du passé, et, sans hésitation, s'élancera libre, fière et glorieuse vers les destinées que lui réserve l'avenir.

J'ai la satisfaction, en terminant ce travail, d'être débarrassé des appréhensions qui m'inquiétaient au d ébut. L'invasion prussienne a cessé d'être partou victorieuse, de promener triomphalement ses hordes brutales sur le sol de la patrie. Grâce au patriotisme et à l'énergie du Gouvernement de la Défense Nationale, et particulièrement de notre héroïque Gambetta, nous pouvons espérer le succès définitif. Notre jeune République se trouve ainsi, à son aurore, couverte de l'auréole de la gloire. Pouvions-nous lui souhaiter un plus joyeux avènement? Elle sauve la patrie, à l'heure où les plus mâles courages ont pu la croire à jamais perdue ; elle réparera les ruines et les hontes du régime déchu ; elle nous rend la dignité et la conscience de notre force ; elle nous vaudra la paix et l'union intérieure : honte à qui l'oublierait jamais !

FIN

www.ingramcontent.com/pod-product-compliance
Ingram Content Group UK Ltd.
Pitfield, Milton Keynes, MK11 3LW, UK
UKHW020317250726
13967UKWH00004B/1762

9 782012 988743